门萨训练逻辑思维的数字游戏
MENSA NUMBER PUZZLES

【英】哈罗德·盖尔 著　丁丽梅 丁大刚 译

华东师范大学出版社

图书在版编目（CIP）数据

门萨训练逻辑思维的数字游戏/（英）盖尔著;丁丽梅,丁大刚译.—修订本.—上海:华东师范大学出版社,2015.12
（门萨智力大师）
ISBN 978-7-5675-4522-9

Ⅰ.①门… Ⅱ.①盖… ②丁… ③丁… Ⅲ.①智力游戏 Ⅳ.①G898.2

中国版本图书馆 CIP 数据核字(2016)第 004649 号

上海市版权局著作权合同登记　图字:09-2012-684 号

门萨智力大师系列
门萨训练逻辑思维的数字游戏

著　　者　[英]哈罗德·盖尔
译　　者　丁丽梅　丁大刚
项目编辑　陈斌　许静
审读编辑　徐惟简
特约编辑　周洁
装帧设计　李佳

出版发行　**华东师范大学出版社**
社　　址　上海市中山北路 3663 号　邮编 200062
网　　址　www.ecnupress.com.cn
电　　话　021-60821666　行政传真 021-62572105
客服电话　021-62865537　门市(邮购)电话 021-62869887
门市地址　上海市中山北路 3663 号华东师范大学校内先锋路口
网　　店　http://hdsdcbs.tmall.com/

印　刷　者　宁波市大港印务有限公司
开　　本　890×1240　32 开
印　　张　7
字　　数　170 千字
版　　次　2016 年 5 月第 2 版
印　　次　2022 年 2 月第 6 次
书　　号　ISBN 978-7-5675-4522-9/G·8928
定　　价　39.00 元

出　版　人　王焰

(如发现本版图书有印订质量问题,请寄回本社客服中心调换或电话 021-62865537 联系)

MENSA 门萨高智商俱乐部

门萨(MENSA)的组织成员有一个共同特征：智商在全世界排名前2%。单在美国，共有超过5万名的门萨成员认识到了他们的出众才智，但还有450万人对自己的潜能一无所知。

如果您喜欢智力测试，可以在这套"门萨智力大师系列"中找到很多很好的训练题。相信您最终会成为2%中的一位，或许您会发现自己已是其中一名。

您是一个爱交往的人吗？或者是否想结识与您志趣相投的人？如果是的话，请加入到门萨的智力训练和讨论中来吧。在门萨俱乐部几乎每天都会有新鲜话题，所以您有的是机会和别人交流，结交新的朋友。不管您的爱好如猜字谜般寻常还是似古埃及学般玄秘，在门萨的特殊兴趣群体中您总能找到志同道合的伙伴。

快来挑战自己吧!看看您到底有多聪明！我们始终欢迎新成员携他们的新思路融入到我们的高智商群体中。

门萨国际部地址：

Mensa International

15 The Ivories, 628 Northampton Street

London N1 2NY, England

目 录
Content

谜
题

Puzzle

　　数字谜题部分总共有 13 套测试题，主要针对个人的逻辑推理能力，既可用于自我评估，也可作为个人逻辑思维训练。每套训练题限时 30 分钟完成。

?

逻辑思维数字谜题 ①

1. 按照箭头所指示方向从左下角向右上角移动，将沿线的数字加起来。如果每个黑点的数值是负 23，那么有多少条路线上的数字之和等于 188？

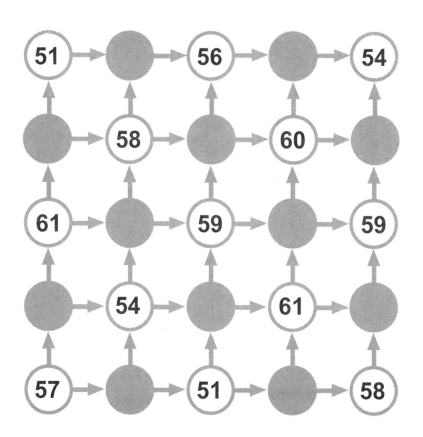

2. 把下图中的数字方块排放成一个正方形，使正方形中每行、每列都有 5 个数字，而且在第一行与第一列、第二行与第二列、第三行与第三列、第四行与第四列、第五行与第五列都有同样的 5 个数字。请画出按照正确的方式排放成的正方形。

填满以下所有的格子，使每一横行、每一竖列和 9 个 3×3 空格所组成的方块（每组有 9 个空格）包含由 1 到 9 的全部数字。

	A	B	C	D	E	F	G	H	I
J									
K					2		1	8	4
L	9		5		7		2		6
M	1		4	3	9	2		7	
N				7		6			
O		7		1	4	8	9		2
P	3		2		6		8		5
Q	8	4	9		3				
R									

3.
从中央的圆圈开始，向它邻接的圈移动，寻找一条 4 个依次相邻的圈构成的路线，使此路线上 4 个圈中的数字之和为 70。任务完成后，回到中央的圆圈，重新开始寻找。只要路线终点的圈位置不同或路线中间的两个圈位置不全相同，就视为不同的路线。那么，图中共有多少条路线上的数字之和为 70？

答案编号 103

4.

问号处可用什么数字代替?

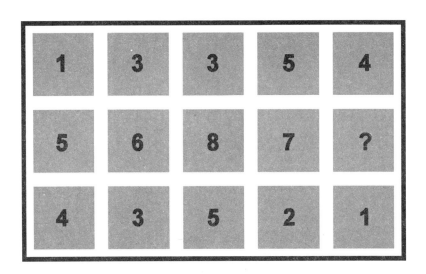

5.

4次射击总得分可以得到75。假定每次射击都能得分（包括得0分）。而且在一种方法中出现的4个数字不能在另一种方法中以其他顺序再次出现。那么，有多少种方法可以使4次射击总得分为75？

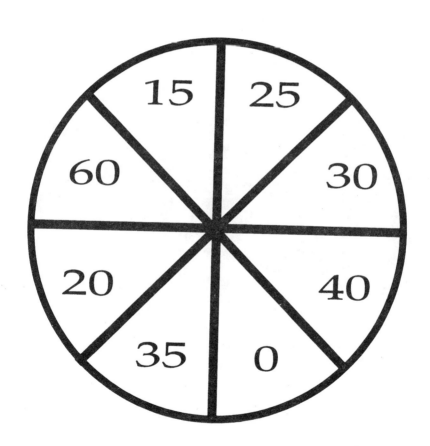

6. 图中每种图形代表一个数值。每行图形代表的数值之和放于此行右侧，每列图形代表的数值之和放于此列下侧。那么，问号处的数字应该是多少？

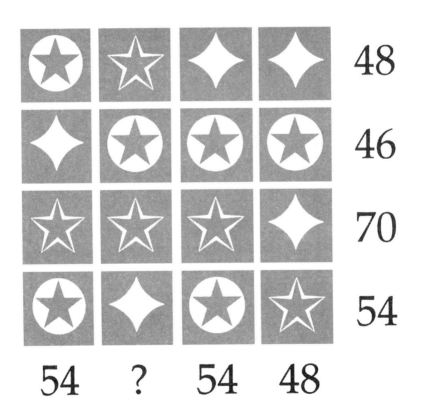

7.

从任一拐角处的数字开始，根据图中所示的路线移动，找到其他 4 个数字，把这 5 个数字相加，相加之和的最大值是多少？

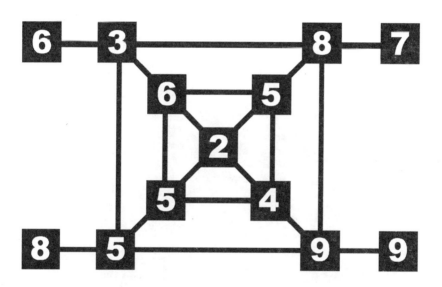

8. 从一个方格横向或竖向移到与它邻接的另一方格。从左下角方格开始，到右上角方格结束。9 个数字一组，相加在一起。有多少种方法可以得到 38？

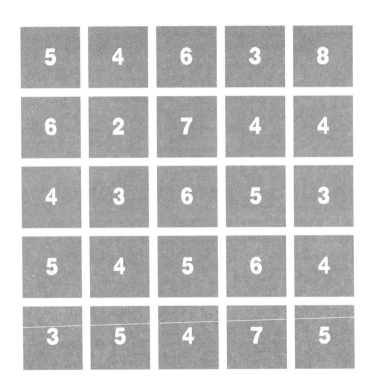

9.

下图中每列数字之间都有一定联系。方格上部的字母可以帮你
找到这种联系。根据这种联系，空白方格中应填入什么数字？

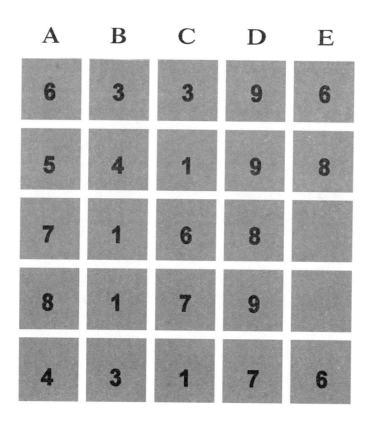

A	B	C	D	E
6	3	3	9	6
5	4	1	9	8
7	1	6	8	
8	1	7	9	
4	3	1	7	6

10.

把 6 组大于 100 的三位数放于 432 之后，从而构成 6 组六位数。每组六位数除以 151，得数为整数。那么，方格中应填入什么数字？

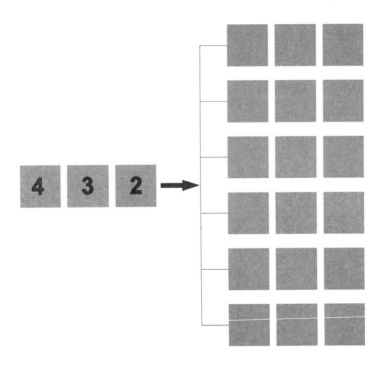

11.

每行、每列及对角线上的 5 个数字之和必须是 85。空格中只能填 4 个不同的数字，这 4 个不同的数字会被多次使用，它们是哪几个数字？

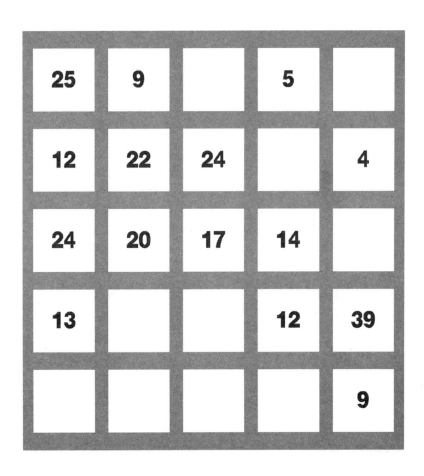

12.

现在两颗行星与太阳处于一条直线上。外部的行星围绕太阳沿轨道运行一周需要 12 年。内部的行星要用 3 年。两颗行星均以顺时针方向运行。请问下一次这两颗行星能与太阳处于同一直线是在何时？下图将帮你找到答案。

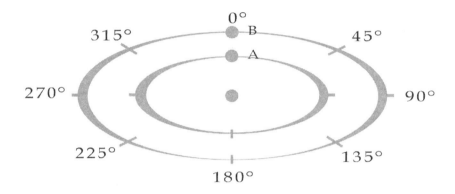

13.

上面的两个天平处于水平位置。要使最下面的一个天平也处于水平位置，天平右端需要放几个梅花？

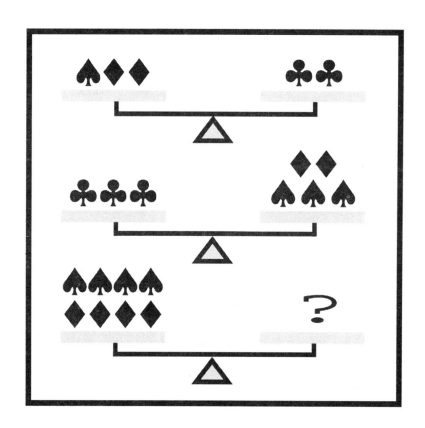

答案编号 102

14.

空白的三角中应填入什么数字?

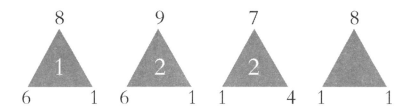

答案编号 50

15.

下图是一个不寻常的保险箱。每一个按钮只能以正确的顺序按一次，才能把保险箱打开。最后一个按钮是 F 标志。移动的次数和方向已经在每一个按钮上标注出来了 (U、L、R、D 分别代表向上、向左、向右、向下，数字代表移动次数，本书此类题均按此规则)。比如，1U 代表只向上移动一次，而 1L 代表只向左移动一次。那么，第一个按下去的按钮是哪个？

4R	4R	2D	1D	6D	1D
1R	5D	F	1D	4D	1L
1U	1D	1L	2R	1D	1L
3U	3U	3U	1L	1R	2L
1D	2R	2D	3L	1R	3L
3U	1U	1R	1D	2L	4L
3U	1L	5U	2R	2U	1U

答案编号 91

16.

请填写完下图，使每一个扇形分割区中的 3 个数字之和都相同，并且每个同心圆（环）中的 8 个数字之和都相同。

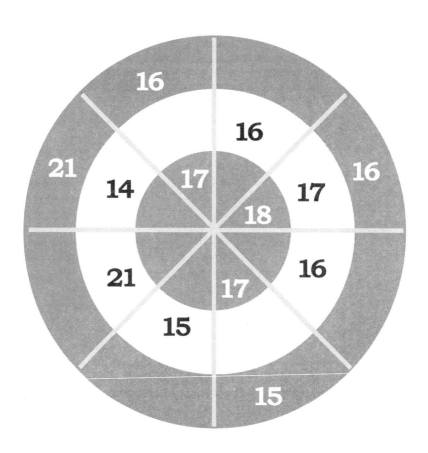

逻辑思维数字谜题 ②

17. 按照箭头所指示方向从左下角向右上角移动，将沿线的数字加起来。如果每个黑点的数值是负8，那么有多少条路线上的数字之和等于155？

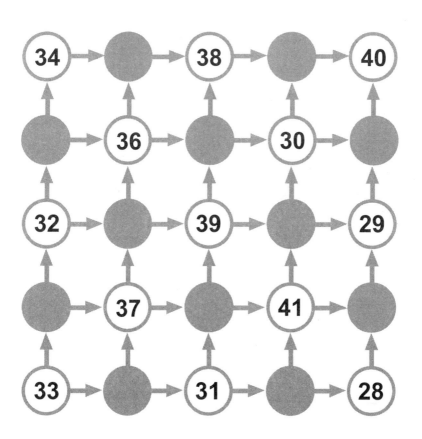

18.

把下图中的数字方块排放成一个正方形，使正方形中每行、每列都有 5 个数字，而且在第一行与第一列、第二行与第二列、第三行与第三列、第四行与第四列、第五行与第五列都有同样的 5 个数字。请画出按照正确的方式排放成的正方形。

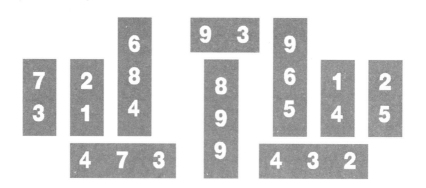

19. 从中央的圆圈开始，向它邻接的圈移动，寻找一条4个依次相邻的圈构成的路线，使此路线上4个圈中的数字之和为86。任务完成后，回到中央的圆圈，重新开始寻找。只要路线终点的圈位置不同或路线中间的两个圈位置不全相同，就视为不同的路线。那么，图中共有多少条路线上的数字之和为86？

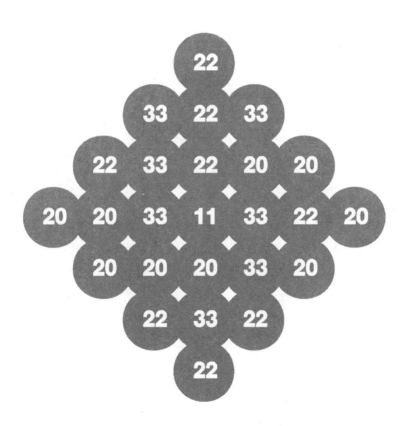

答案编号 71

20.

问号处可用什么数字代替?

3	2	2	2	1
8	0	9	9	1
6	4	?	?	?
4	8	6	?	7
3	2	3	3	4

答案编号 19

21.

4 次射击总得分可以得到 51。假定每次射击都能得分（包括得 0 分）。而且在一种方法中出现的 4 个数字不能在另一种方法中以其他顺序再次出现。那么，有多少种方法可以使 4 次射击总得分为 51？

22.

图中每种图形代表一个数值。每行图形代表的数值之和放于此行右侧，每列图形代表的数值之和放于此列下侧。那么，问号处的数字应该是多少？

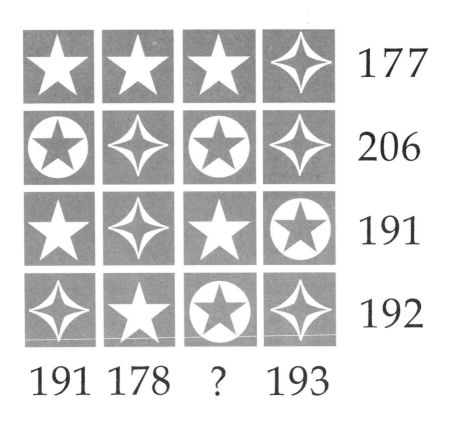

23.

从任一拐角处的数字开始，按照图中所示的路线移动，找出其他 4 个数字，然后把这 5 个数字相加。有几次得到的值是 27？

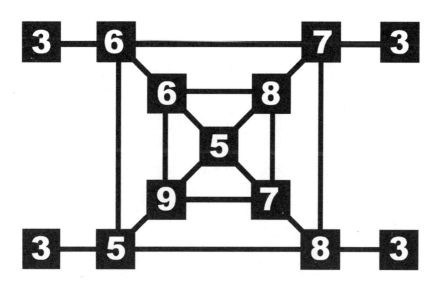

答案编号 101

24.

从一个方格横向或竖向移到与它邻接的另一方格。从左下角方格开始，到右上角方格结束。9个数字一组，相加在一起。有多少种方法可以得到66？

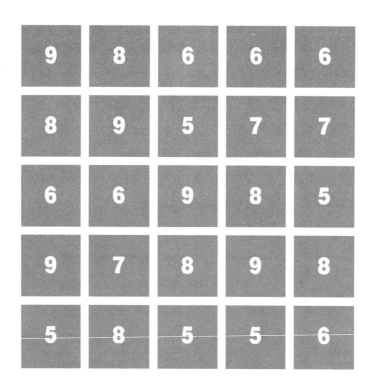

25.

下图中每列数字之间都有一定联系。方格上部的字母可以帮你找到这种联系。根据这种联系，空白方格中应填入什么数字？

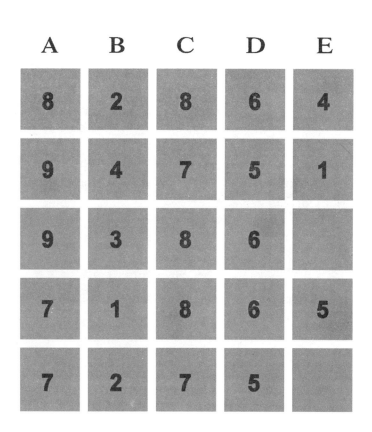

答案编号 90

26.

把 6 组大于 100 的三位数放于 457 之后，从而构成 6 组六位数。每组六位数除以 55.5，得数为整数。那么，方格中应填入什么数字？

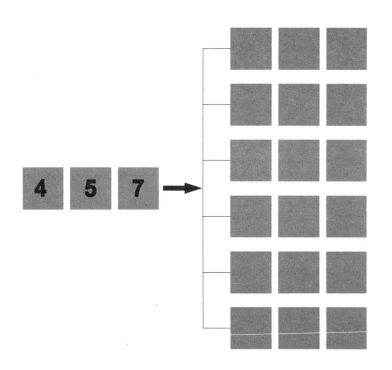

27.

每行、每列及对角线上的 5 个数字之和必须是 80。空格中只能填 3 个不同的数字，这 3 个不同的数字会被多次使用，它们是哪几个数字？

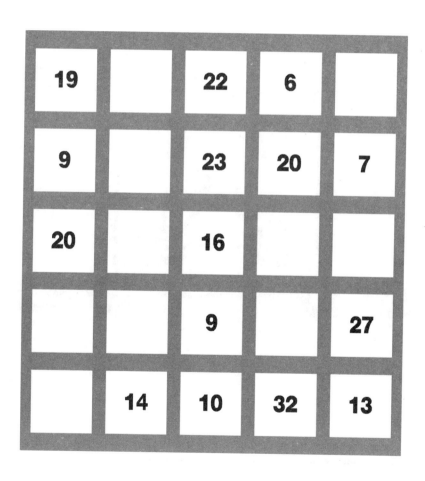

答案编号 80

28.

从任一拐角处的数字开始，按照图中所示的路线移动，找出其他 4 个数字，然后把这 5 个数字相加。有几次得到的值是 24？

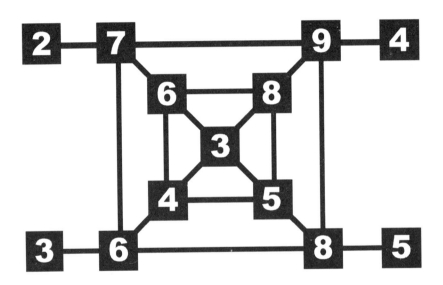

29.

上面的两个天平处于水平位置。要使最下面的一个天平也处于水平位置，天平右端需要放几个梅花？

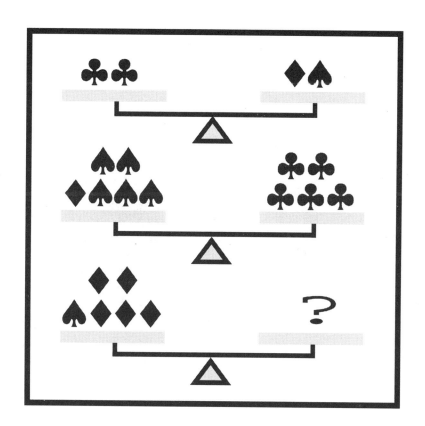

答案编号 **70**

30.

空白的三角中应填入什么数字?

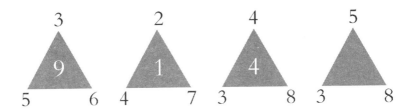

答案编号 18

31.

下图是一个不寻常的保险箱。每一个按钮只能以正确的顺序按一次，才能把保险箱打开。最后一个按钮是 F 标志。移动的次数和方向已经在每一个按钮上标注出来了。比如，1U 代表只向上移动一次，而 1L 代表只向左移动一次。那么，第一个按下去的按钮是哪个?

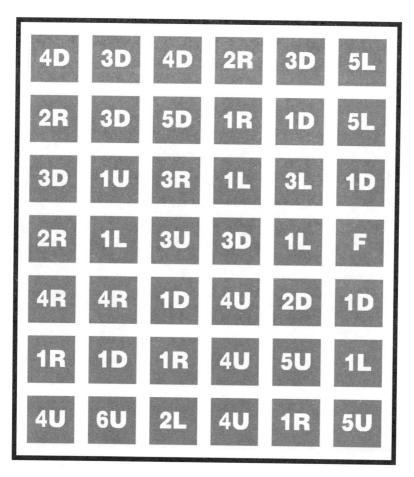

32.

请填写完下图，使每一个扇形分割区中的 3 个数字之和都相同，并且每个同心圆（环）中的 8 个数字之和都相同。

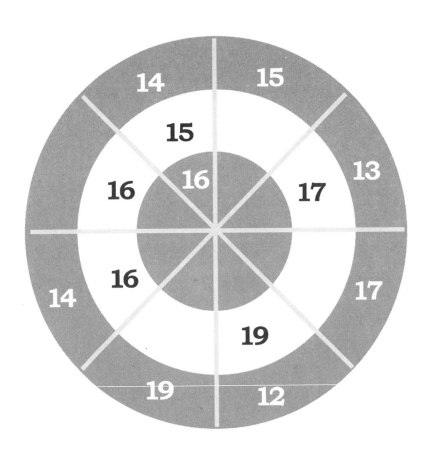

逻辑思维数字谜题 ❸

33. 按照箭头所指示方向从左下角向右上角移动，将沿线的数字加起来。如果每个黑点的数值是 2，那么有多少条路线上的数字之和等于 40？

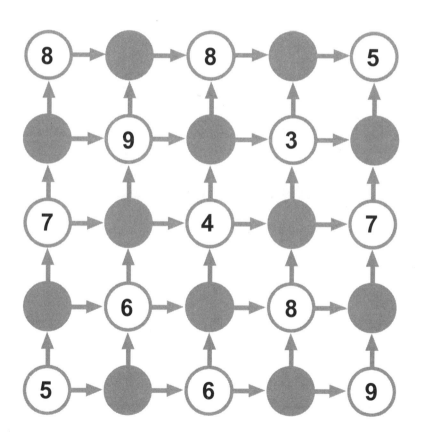

答案编号·100

34.

把下图中的数字方块排放成一个正方形，使正方形中每行、每列都有5个数字，而且在第一行与第一列、第二行与第二列、第三行与第三列、第四行与第四列、第五行与第五列都有同样的5个数字。请画出按照正确的方式排放成的正方形。

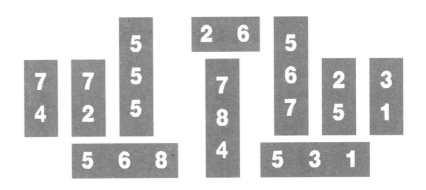

答案编号 **48**

35.

从中央的圆圈开始，向它邻接的圈移动，寻找一条 4 个依次相邻的圈构成的路线，使此路线上 4 个圈中的数字之和为 90。任务完成后，回到中央的圆圈，重新开始寻找。只要路线终点的圈位置不同或路线中间的两个圈位置不全相同，就视为不同的路线。那么，图中共有多少条路线上的数字之和为 90？

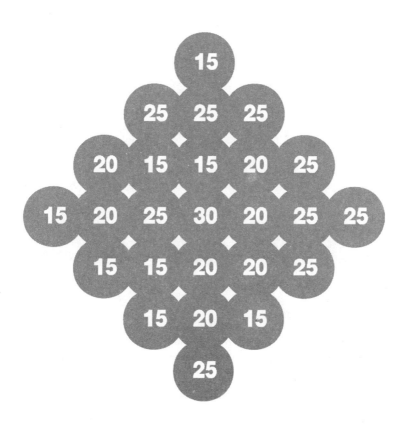

答案编号 89

36.

问号处可用什么数字代替?

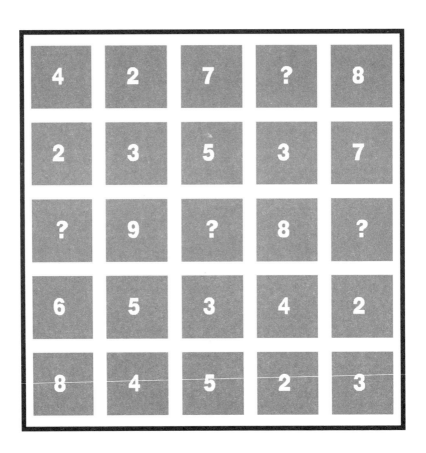

37.

4 次射击总得分可以得到 49。假定每次射击都能得分（包括得 0 分）。而且在一种方法中出现的 4 个数字不能在另一种方法中以其他顺序再次出现。那么，有多少种方法可以使 4 次射击总得分为 49？

答案编号 **79**

38.

图中每种图形代表一个数值。每行图形代表的数值之和放于此行右侧，每列图形代表的数值之和放于此列下侧。那么，问号处的数字应该是多少？

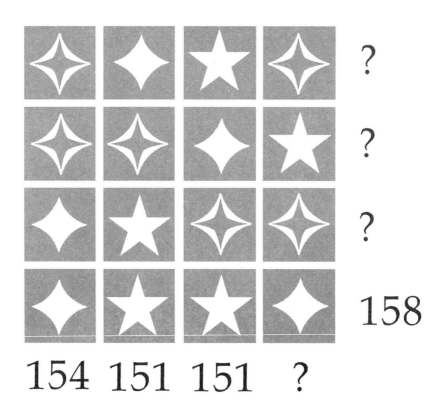

39.

从任一拐角处的数字开始，按照图中所示的路线移动，找出其他 4 个数字，然后把这 5 个数字相加。得到的最小值是多少?

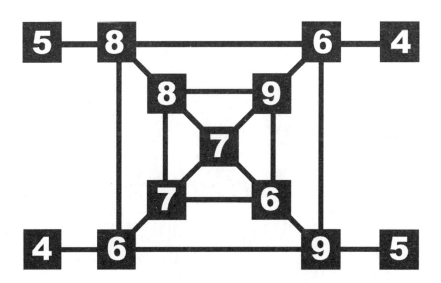

40.

从一个方格横向或竖向移到与它邻接的另一方格。从左下角方格开始，到右上角方格结束。9个数字一组，相加在一起。有多少种方法可以得到35？

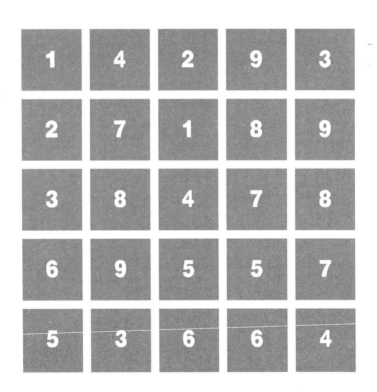

41.

下图中每列数字之间都有一定联系。方格上部的字母可以帮你找到这种联系。根据这种联系，空白方格中应填入什么数字？

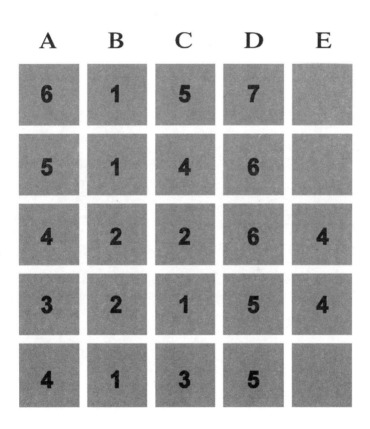

	A	B	C	D	E
	6	1	5	7	
	5	1	4	6	
	4	2	2	6	4
	3	2	1	5	4
	4	1	3	5	

答案编号 58

42.

把 6 组大于 100 的三位数放于 975 之后，从而构成 6 组六位数。每组六位数除以 65.5，得数为整数。那么，方格中应填入什么数字？

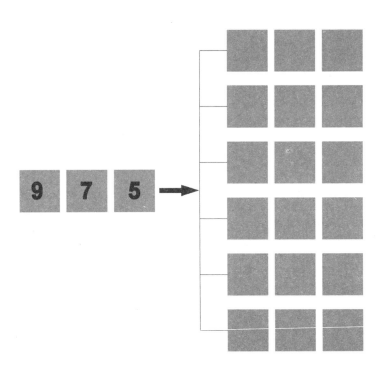

43.

每行、每列及对角线上的 5 个数字之和必须是 75。空格中只能填 3 个不同的数字，这 3 个不同的数字会被多次使用，它们是哪几个数字？

答案编号 99

44.

现在两颗行星与太阳处于一条直线上。外部的行星围绕太阳沿轨道运行一周需要6年。内部的行星要用2年。两颗行星均以顺时针方向运行。请问下一次这两颗行星与太阳处于同一直线是在何时？下图将帮你找到答案。

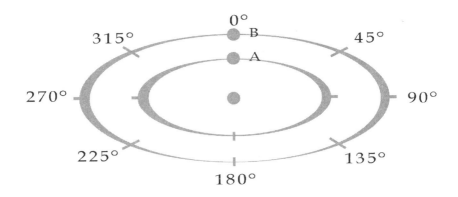

答案编号 47

45.

上面的两个天平处于水平位置。要使最下面的一个天平也处于水平位置，天平右端还需要放几个方块？

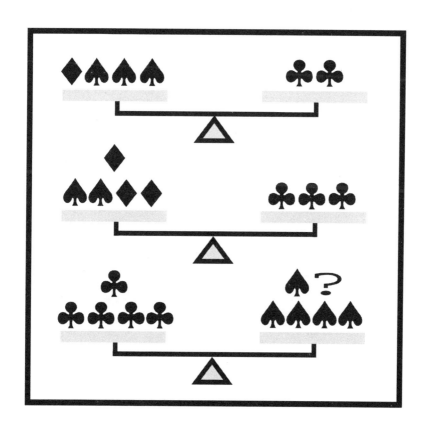

答案编号 88

46.

空白的三角中应填入什么数字?

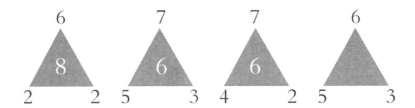

47.

请填写完下图，使每一个扇形分割区中的 3 个数字之和都相同，并且每个同心圆（环）中的 8 个数字之和都相同。

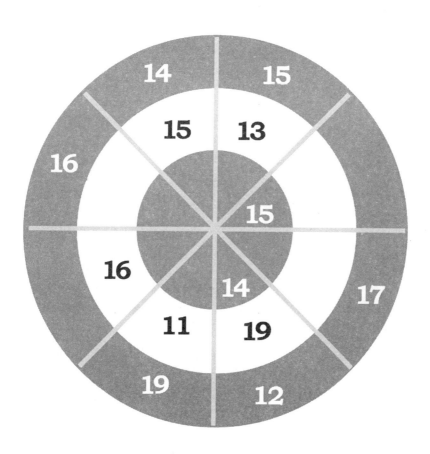

答案编号 26

逻辑思维数字谜题 ④

48. 按照箭头所指示方向从左下角向右上角移动，将沿线的数字加起来。如果每个黑点的数值是负 13，那么有多少条路线上的数字之和等于 69？

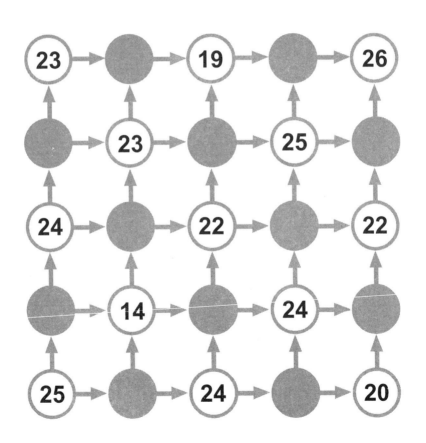

49.

把下图中的数字方块排放成一个正方形，使正方形中每行、每列都有 5 个数字，而且在第一行与第一列、第二行与第二列、第三行与第三列、第四行与第四列、第五行与第五列都有同样的 5 个数字。请画出按照正确的方式排放成的正方形。

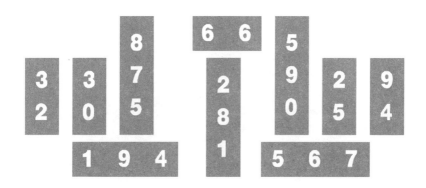

50.

从中央的圆圈开始，向它邻接的圈移动，寻找一条4个依次相邻的圈构成的路线，使此路线上4个圈中的数字之和为42。任务完成后，回到中央的圆圈，重新开始寻找。只要路线终点的圈位置不同或路线中间的两个圈位置不全相同，就视为不同的路线。那么，图中共有多少条路线上的数字之和为42？

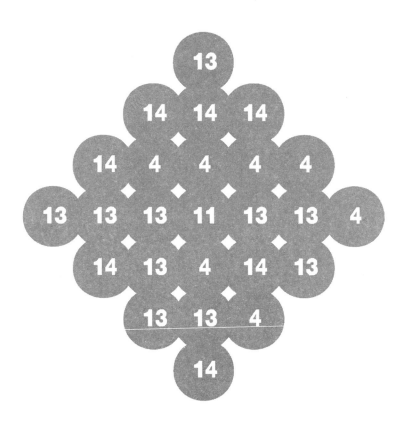

51.

问号处可用什么数字代替?

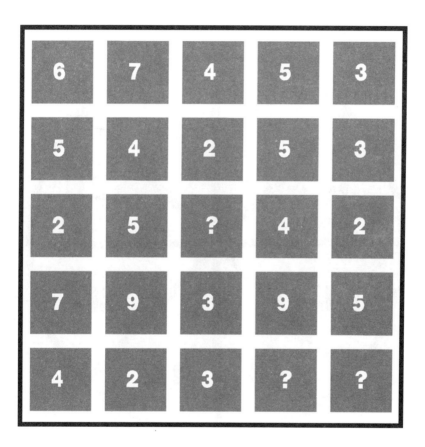

答案编号 5

52.

4次射击总得分可以得到48。假定每次射击都能得分（包括得0分）。而且在一种方法中出现的4个数字不能在另一种方法中以其他顺序再次出现。那么，有多少种方法可以使4次射击总得分为48？

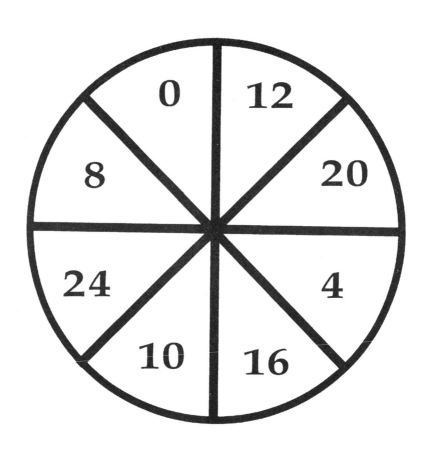

53.

图中每种图形代表一个数值。每行图形代表的数值之和放于此行右侧，每列图形代表的数值之和放于此列下侧。那么，问号处的数字应该是多少？

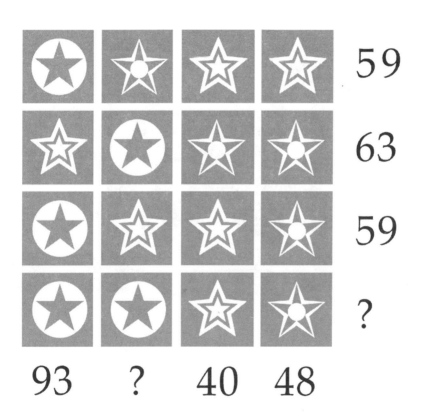

54.

从任一拐角处的数字开始，按照图中所示的路线移动，找出其他 4 个数字，然后把这 5 个数字相加。有几次得到的值是 29？

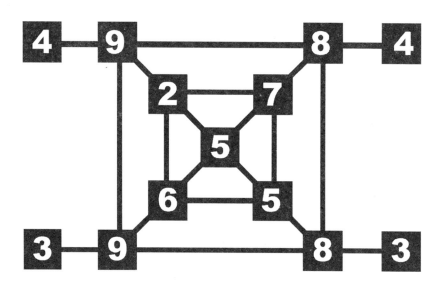

55.

从一个方格横向或竖向移到与它邻接的另一方格。从左下角方格开始，到右上角方格结束。9 个数字一组，相加在一起。有多少种方法可以得到 30？

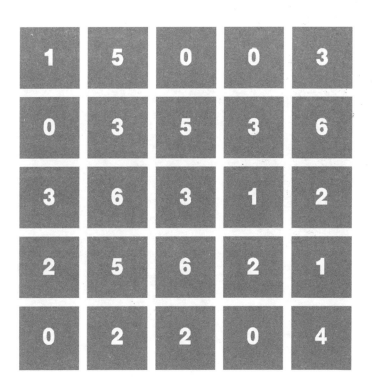

56.

下图中每列数字之间都有一定联系。方格上部的字母可以帮你找到这种联系。根据这种联系，空白方格中应填入什么数字？

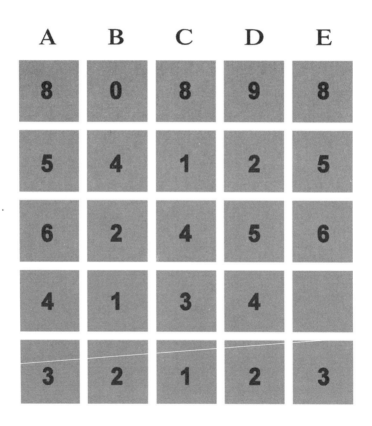

57.

把 6 组大于 100 的三位数放于 685 之后，从而构成 6 组六位数。每组六位数除以 111，得数为整数。那么，方格中应填入什么数字？

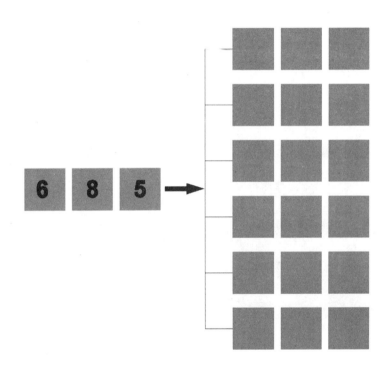

58.

每行、每列及对角线上的 5 个数字之和必须是 70。空格中只能填 3 个不同的数字，这 3 个不同的数字会被多次使用，它们是哪几个数字？

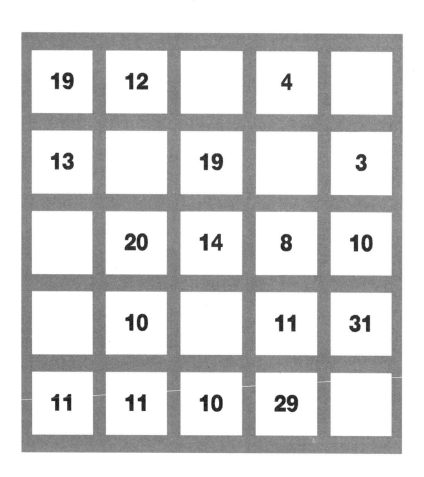

59.

从任一拐角处的数字开始，按照图中所示的路线移动，找出其他 4 个数字，然后把这 5 个数字相加。有几次得到的数值是 17？

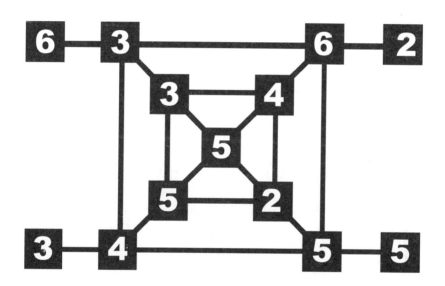

60.

上面的两个天平处于水平位置。要使最下面的一个天平也处于水平位置，天平左端需要再放几个黑桃？

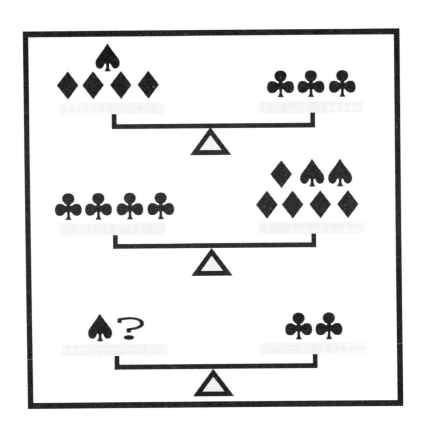

61.

空白的三角中应填入什么数字?

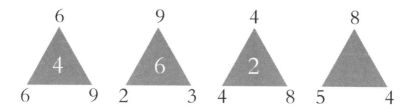

62.

下图是一个不寻常的保险箱。每一个按钮只能以正确的顺序按一次，才能把保险箱打开。最后一个按钮是 F 标志。移动的次数和方向已经在每一个按钮上标注出来了。比如，1U 代表只向上移动一次，而 1L 代表只向左移动一次。那么，第一个按下去的按钮是哪个？

2R	2D	4D	1R	F	4L
3R	5D	3R	1U	3L	1U
2R	1D	1U	2R	3D	1L
1U	1R	2D	2D	4L	2L
4U	2R	2R	2U	3U	5L
4U	1U	1D	2R	2U	1U
1U	1U	2R	3L	1L	3U

答案编号 **97**

63.

请填写完下图，使每一个扇形分割区中的 3 个数字之和都
相同，并且每个同心圆（环）中的 8 个数字之和都相同。

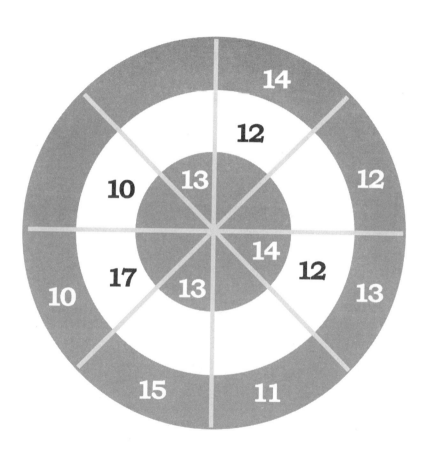

答案编号 **45**

逻辑思维数字谜题 ⑤

64. 按照箭头所指示方向从左下角向右上角移动，将沿线的数字加起来。如果每个黑点的数值是9，那么有多少条路线上的数字之和等于94？

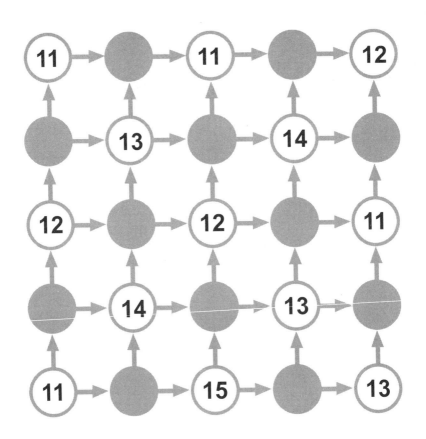

65.

把下图中的数字方块排放成一个正方形，使正方形中每行、每列都有 5 个数字，而且在第一行与第一列、第二行与第二列、第三行与第三列、第四行与第四列、第五行与第五列都有同样的 5 个数字。请画出按照正确的方式排放成的正方形。

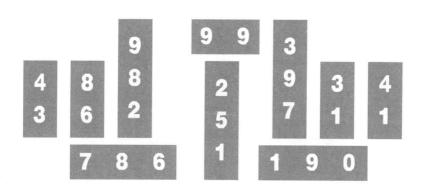

66.

从中央的圆圈开始，向它邻接的圈移动，寻找一条4个依次相邻的圈构成的路线，使此路线上4个圈中的数字之和为15。任务完成后，回到中央的圆圈，重新开始寻找。只要路线终点的圈位置不同或路线中间的两个圈位置不全相同，就视为不同的路线。那么，图中共有多少条路线上的数字之和为15？

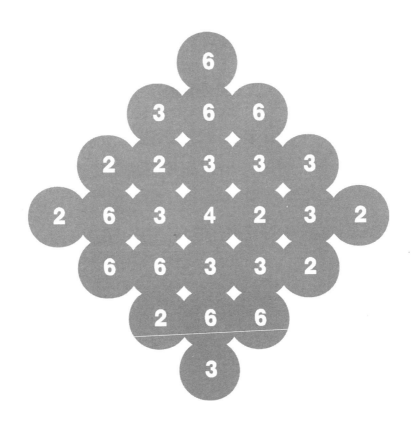

67.

问号处可用什么数字代替?

3	2	1	4	5
2	4	?	4	4
5	?	7	8	9
4	4	3	2	3
?	8	9	?	7

答案编号 24

68.

3 次射击总得分可以得到 26。假定每次射击都能得分（包括得 0 分）。而且在一种方法中出现的 3 个数字不能在另一种方法中以其他顺序再次出现。那么，有多少种方法可以使 3 次射击总得分为 26？

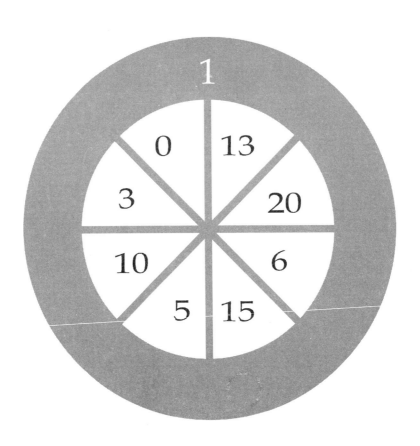

69.

图中每种图形代表一个数值。每行图形代表的数值之和放于此行右侧，每列图形代表的数值之和放于此列下侧。那么，问号处的数字应该是多少？

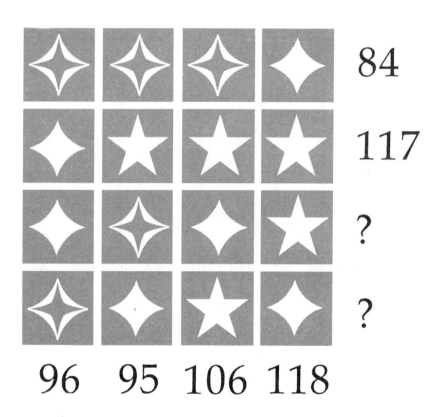

答案编号 14

70.

从任一拐角处的数字开始，按照图中所示的路线移动，找出其他 4 个数字，然后把这 5 个数字相加。得到的最大值是多少?

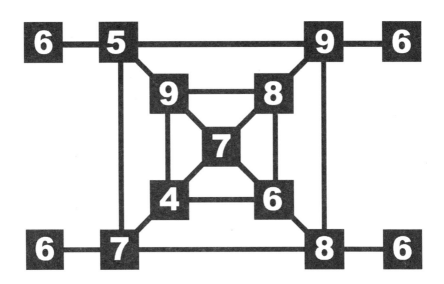

71.

从一个方格横向或竖向移到与它邻接的另一方格。从左下角方格开始，到右上角方格结束。9 个数字一组，相加在一起。最小值是多少?

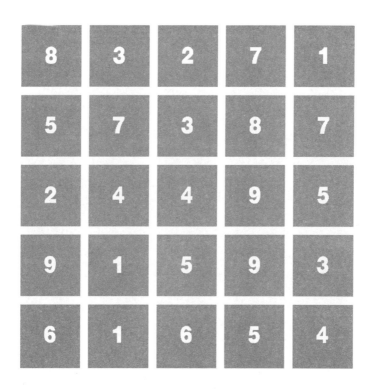

72.

下图中每列数字之间都有一定联系。方格上部的字母可以帮你找到这种联系。根据这种联系，空白方格中应填入什么数字？

A	B	C	D	E
9	2	9	7	
5	2	5	3	1
5	1	6	4	3
5	0	7	5	
6	3	5	3	0

答案编号 96

73.

把 6 组大于 100 的三位数放于 458 之后，从而构成 6 组六位数。每组六位数除以 122，得数为整数。那么，方格中应填入什么数字？

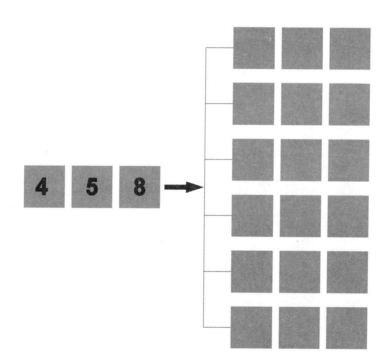

74.

每行、每列及对角线上的 5 个数字之和必须是 65。空格中只能填 2 个不同的数字，这 2 个不同的数字会被多次使用，来得到 65，它们是哪几个数字？

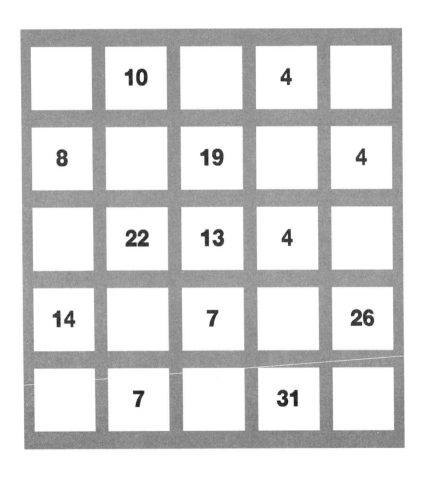

75.

现在两颗行星与太阳处于一条直线上。外部的行星围绕太阳沿轨道运行一周需要 15 年。内部的行星要用 5 年。两颗行星均以顺时针方向运行。请问下一次这两颗行星能与太阳处于同一直线是在何时？下图将帮你找到答案。

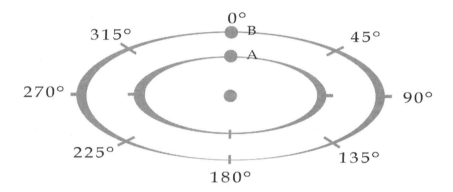

答案编号 **33**

76.

上面的两个天平处于水平位置。要使最下面的一个天平也处于水平位置，天平左端需要放几个梅花？

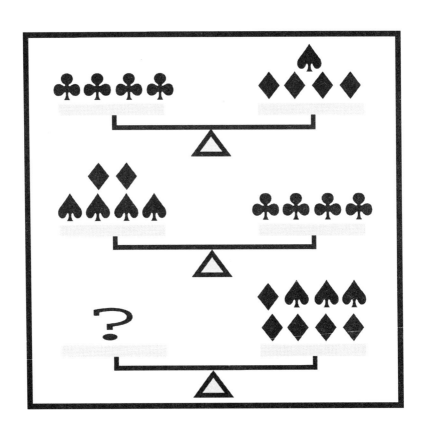

77.

空白的三角中应填入什么数字?

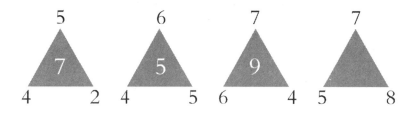

答案编号 23

78.

下图是一个不寻常的保险箱。每一个按钮只能以正确的顺序按一次，才能把保险箱打开。最后一个按钮是 F 标志。移动的次数和方向已经在每一个按钮上标注出来了。比如，1U 代表只向上移动一次，而 1L 代表只向左移动一次。那么，第一个按下去的按钮是哪个？

1D	1D	1L	3L	6D	1L
2R	4R	1U	1D	1L	1U
1D	1D	1L	2R	3D	1L
2R	4R	1U	3U	F	2L
2U	1L	1D	1L	3U	1L
1D	1L	1R	2R	2U	1D
2R	2U	1L	2U	1L	2U

79.

请填写完下图，使每一个扇形分割区中的 3 个数字之和都
相同，并且每个同心圆（环）中的 8 个数字之和都相同。

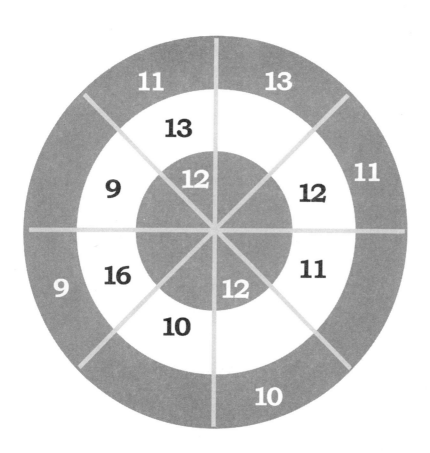

答案编号 13

逻辑思维数字谜题 ❻

80.

按照箭头所指示方向从左下角向右上角移动，将沿线的数字加起来。如果每个黑点的数值是负 7，那么有多少条路线上的数字之和等于 51 ？

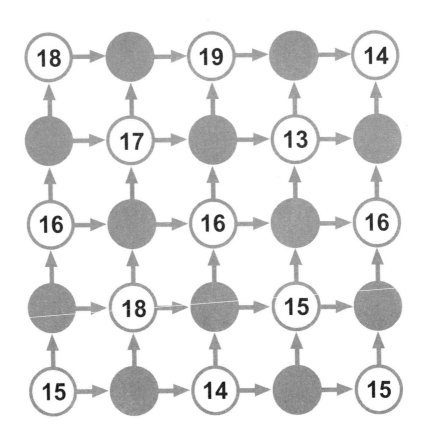

81.

把下图中的数字方块排放成一个正方形，使正方形中每行、每列都有 5 个数字，而且在第一行与第一列、第二行与第二列、第三行与第三列、第四行与第四列、第五行与第五列都有同样的 5 个数字。请画出按照正确的方式排放成的正方形。

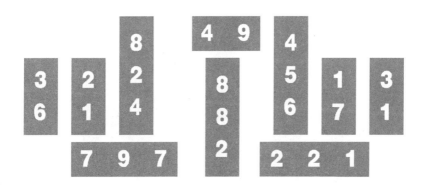

82.

从中央的圆圈开始，向它邻接的圈移动，寻找一条 4 个依次相邻的圈构成的路线，使此路线上 4 个圈中的数字之和为 100。任务完成后，回到中央的圆圈，重新开始寻找。只要路线终点的圈位置不同或路线中间的两个圈位置不全相同，就视为不同的路线。那么，图中共有多少条路线上的数字之和为 100？

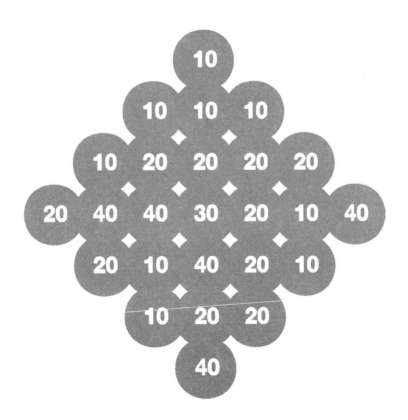

83.

问号处可用什么数字代替?

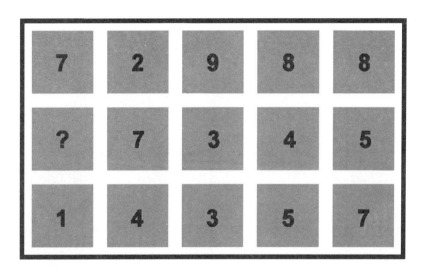

答案编号 43

84.

3 次射击总得分可以得到 42。假定每次射击都能得分（包括得 0 分）。而且在一种方法中出现的 3 个数字不能在另一种方法中以其他顺序再次出现。那么，有多少种方法可以使 3 次射击总得分为 42？

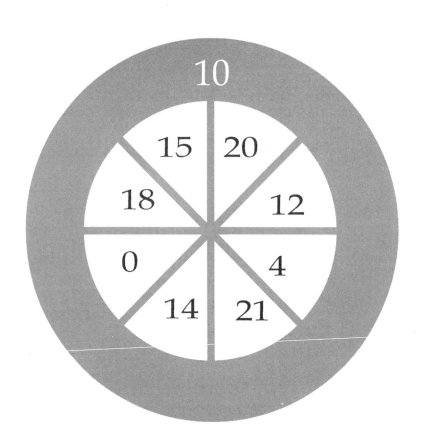

85.

图中每种图形代表一个数值。每行图形代表的数值之和放于此行右侧，每列图形代表的数值之和放于此列下侧。那么，问号处的数字应该是多少？

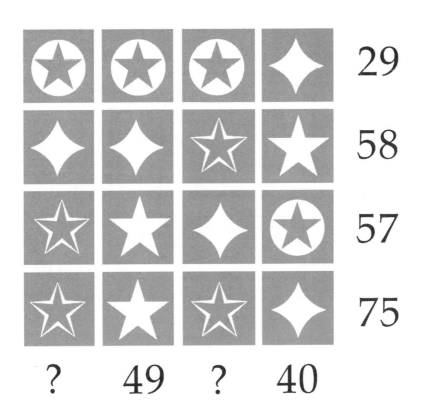

答案编号 **32**

86.

从任一拐角处的数字开始，按照图中所示的路线移动，找出其他 4 个数字，然后把这 5 个数字相加。得到的最大值是多少？出现了几次？

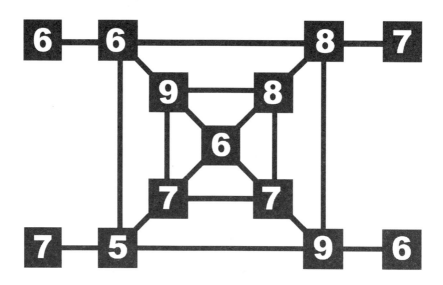

87.

从一个方格横向或竖向移到与它邻接的另一方格。从左下角方格开始，到右上角方格结束。9 个数字一组，相加在一起。多少次得数为 60？

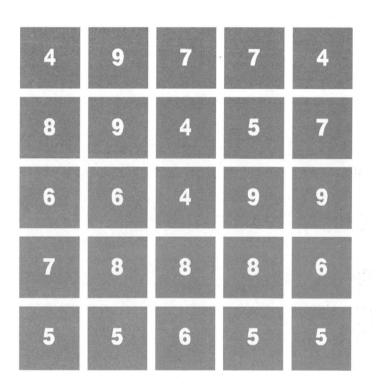

88.

下图中每列数字之间都有一定联系。方格上部的字母可以帮你找到这种联系。根据这种联系，空白方格中应填入什么数字？

A	B	C	D	E
9	0	9	9	0
5	3	2	8	6
6	2	4	8	
7	2	5	9	
2	1	1	3	2

答案编号 **64**

89.

把 6 组大于 100 的三位数放于 985 之后，从而构成 6 组六位数。每组六位数除以 133，得数为整数。那么，方格中应填入什么数字？

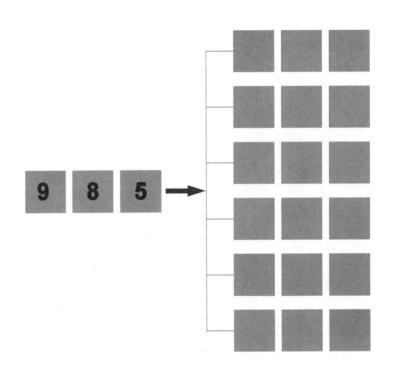

答案编号 12

90.

每行、每列及对角线上的 5 个数字之和必须是 10。空格中只能填 3 个不同的数字，这 3 个不同的数字会被多次使用，它们是哪几个数字？

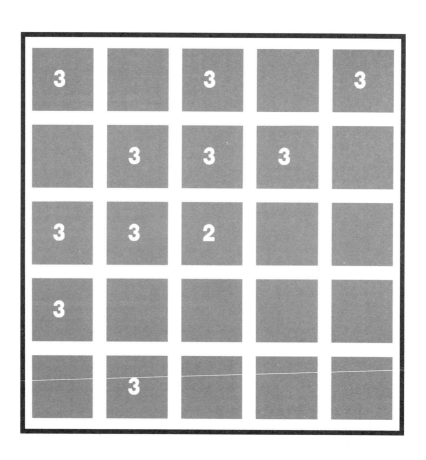

91.

按照箭头所指示方向从左下角向右上角移动，将沿线的数字加起来。如果每个黑点的数值是负 4，那么沿线数字之和的最小值是多少？

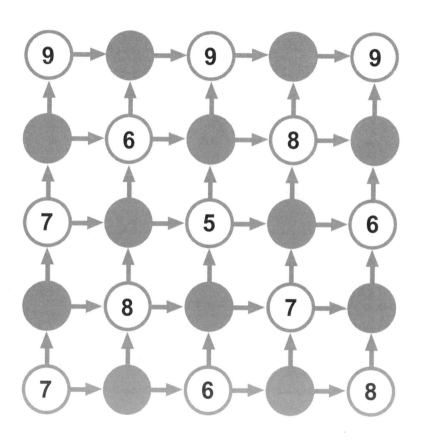

92.

上面的两个天平处于水平位置。要使最下面的一个天平也处于水平位置，天平右端需要放几张梅花？

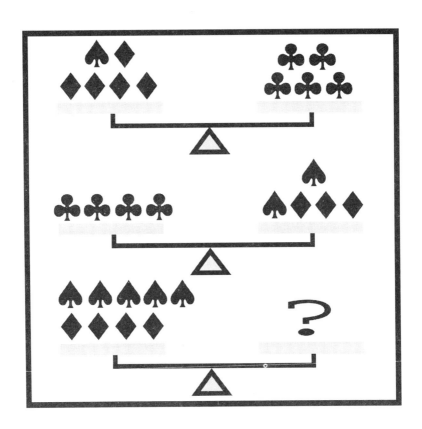

答案编号 42

93.

空白的三角中应填入什么数字?

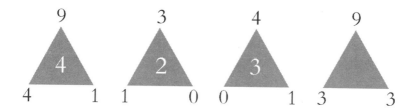

答案编号 94

94.

下图是一个不寻常的保险箱。每一个按钮只能以正确的顺序按一次，才能把保险箱打开。最后一个按钮是 F 标志。移动的次数和方向已经在每一个按钮上标注出来了。比如，1U 代表只向上移动一次，而 1L 代表只向左移动一次。那么，第一个按下去的按钮是哪个？

3D	1L	3D	1L	1D	1D
3R	1U	1D	1U	2L	2D
1U	1L	3R	1R	4D	2U
1R	1U	2R	1U	3U	2L
1R	F	2L	1D	1D	1L
1D	1D	1U	2L	1R	5L
3R	1R	1U	2U	1R	2U

95.

请填写完下图，使每一个扇形分割区中的 3 个数字之和都相同，并且每个同心圆（环）中的 8 个数字之和都相同。

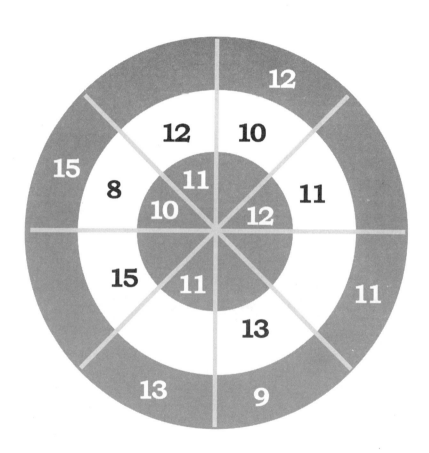

逻辑思维数字谜题

96. 按照箭头所指示方向从左下角向右上角移动，将沿线的数字加起来。如果每个黑点的数值是负3，那么沿线数字之和中只出现一次的数值是哪个？

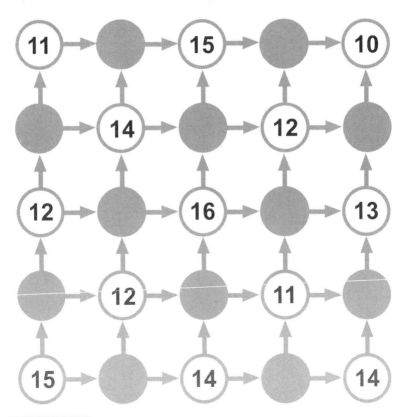

97.

把下图中的数字方块排放成一个正方形，使正方形中每行、每列都有 5 个数字，而且在第一行与第一列、第二行与第二列、第三行与第三列、第四行与第四列、第五行与第五列都有同样的 5 个数字。请画出按照正确的方式排放成的正方形。

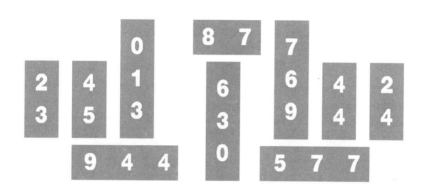

98.
从中央的圆圈开始，向它邻接的圈移动，寻找一条 4 个依次相邻的圈构成的路线，使此路线上 4 个圈中的数字之和为 30。任务完成后，回到中央的圆圈，重新开始寻找。只要路线终点的圈位置不同或路线中间的两个圈位置不全相同，就视为不同的路线。那么，图中共有多少条路线上的数字之和为 30？

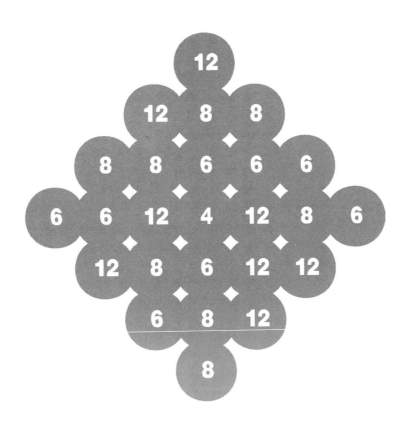

99.

问号处可用什么数字代替?

6	5	2	3	4
4	2	7	3	5
3	1	3	?	3
7	4	1	1	?
3	3	?	5	1

答案编号 11

100.

4 次射击总得分可以得到 62。假定每次射击都能得分（包括得 0 分）。而且在一种方法中出现的 4 个数字不能在另一种方法中以其他顺序再次出现。那么，有多少种方法可以使 4 次射击总得分为 62？

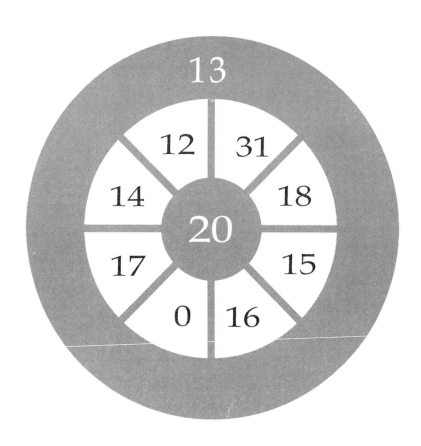

101.

图中每种图形代表一个数值。每行图形代表的数值之和放于此行右侧，每列图形代表的数值之和放于此列下侧。那么，问号处的数字应该是多少？

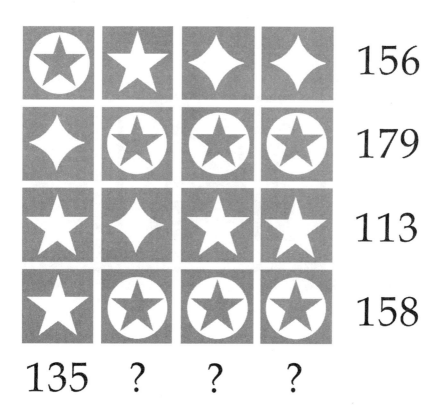

102.

从任一拐角处的数字开始，按照图中所示的路线移动，找出其他 4 个数字，然后把这 5 个数字相加。得到的最小值是多少？出现了几次？

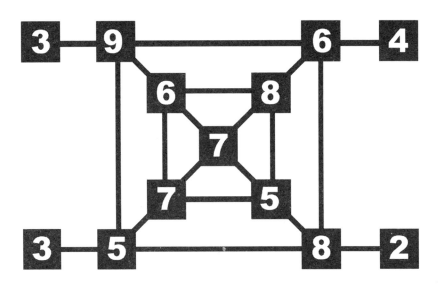

103.

从一个方格横向或竖向移到与它邻接的另一方格。从左下角方格开始，到右上角方格结束。9 个数字一组，相加在一起。有多少种方法可以得到 31？

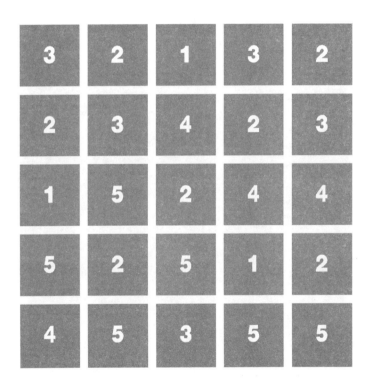

答案编号 41

104.

下图中每列数字之间都有一定联系。方格上部的字母可以帮你找到这种联系。根据这种联系，空白方格中应填入什么数字？

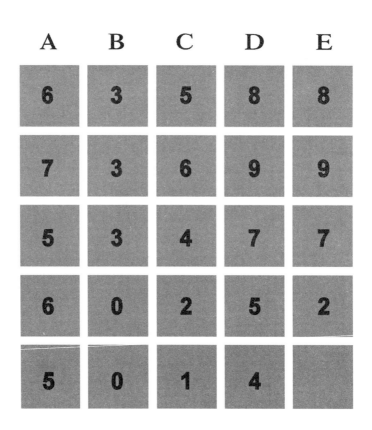

A	B	C	D	E
6	3	5	8	8
7	3	6	9	9
5	3	4	7	7
6	0	2	5	2
5	0	1	4	

105.

把 6 组大于 100 的三位数放于 854 之后，从而构成 6 组六位数。每组六位数除以 149，得数为整数。那么，方格中应填入什么数字？

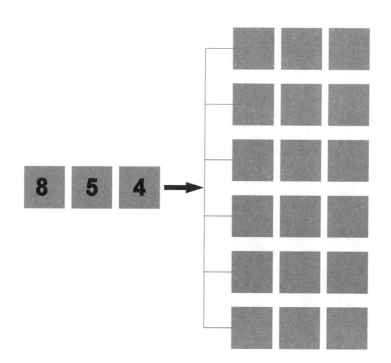

答案编号 115

106.

每行、每列及对角线上的 5 个数字之和必须是 15。空格中只能填 3 个不同的数字，这 3 个不同的数字会被多次使用，来得到 15，它们是哪几个数字？

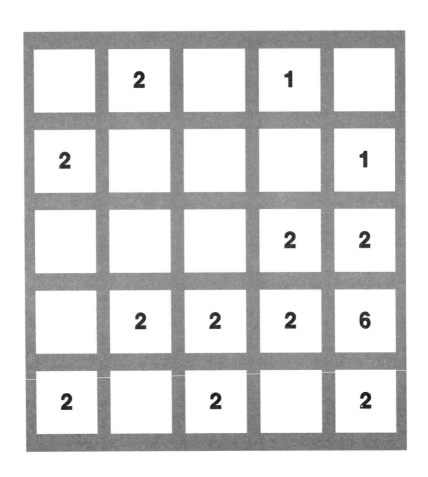

107.

现在两颗行星与太阳处于一条直线上。外部的行星围绕太阳沿轨道运行一周需要 100 年。内部的行星要用 20 年。两颗行星均以顺时针方向运行。请问下一次这两颗行星能与太阳处于同一直线是在何时？下图将帮你找到答案。

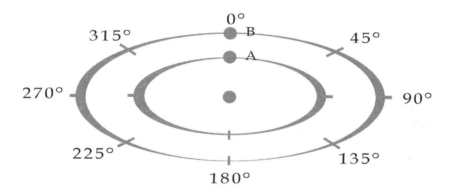

答案编号 156

108.

上面的两个天平处于水平位置。要使最下面的一个天平也处于水平位置，天平左端需要放几个梅花？

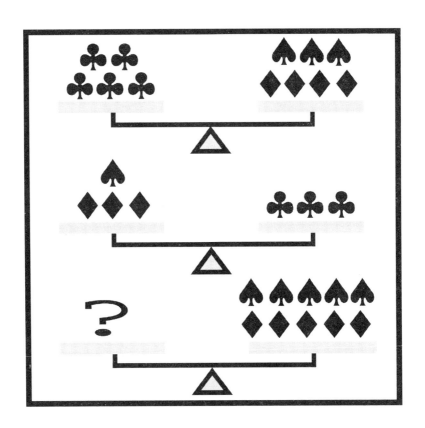

109.
空白的三角中应填入什么数字?

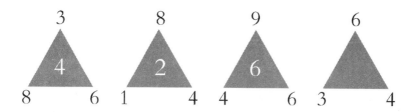

110.

下图是一个不寻常的保险箱。每一个按钮只能以正确的顺序按一次，才能把保险箱打开。最后一个按钮是F标志。移动的次数和方向已经在每一个按钮上标注出来了。比如，1U代表只向上移动一次，而1L代表只向左移动一次。那么，第一个按下去的按钮是哪个？

1D	1L	2D	1R	1D	3D
2R	F	1U	2L	1R	1D
1D	3R	1L	1U	1L	5L
1R	3U	2D	1R	1D	3D
2D	1D	1R	1D	2L	5L
4R	1L	3R	5U	1D	1U
1R	2U	3U	3U	1L	3L

答案编号 166

111.

请填写完下图，使每一个扇形分割区中的 3 个数字之和都相同，并且每个同心圆（环）中的 8 个数字之和都相同。

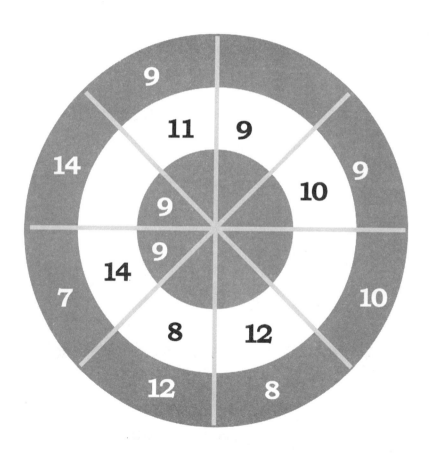

答案编号 **114**

逻辑思维数字谜题 ❽

112.

按照箭头所指示方向从左下角向右上角移动，将沿线的数字加起来。如果每个黑点的数值是负17，那么几条路线上的数字之和为2？

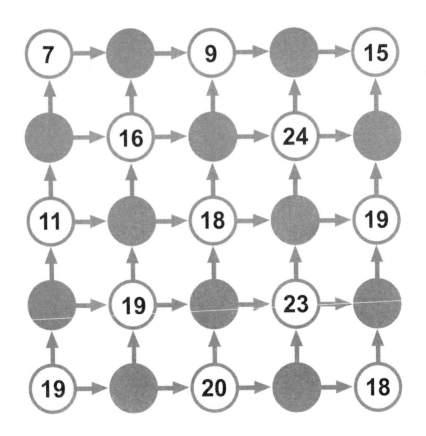

答案编号 135

113.

把下图中的数字方块排放成一个正方形，使正方形中每行、每列都有 5 个数字，而且在第一行与第一列、第二行与第二列、第三行与第三列、第四行与第四列、第五行与第五列都有同样的 5 个数字。请画出按照正确的方式排放成的正方形。

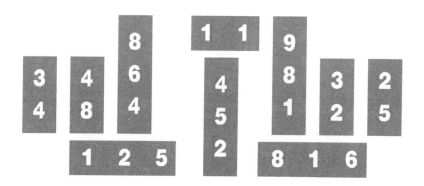

114.

从中央的圆圈开始，向它邻接的圈移动，寻找一条4个依次相邻的圈构成的路线，使此路线上4个圈中的数字之和为10。任务完成后，回到中央的圆圈，重新开始寻找。只要路线终点的圈位置不同或路线中间的两个圈位置不全相同，就视为不同的路线。那么，图中共有多少条路线上的数字之和为10？

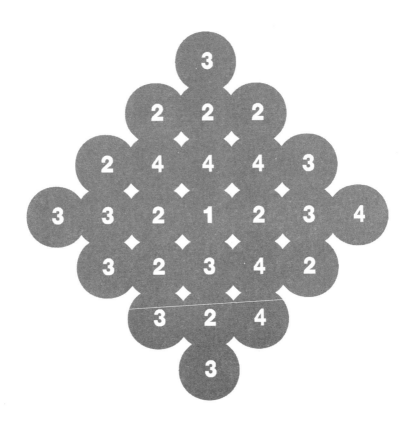

115.

问号处可用什么数字代替？

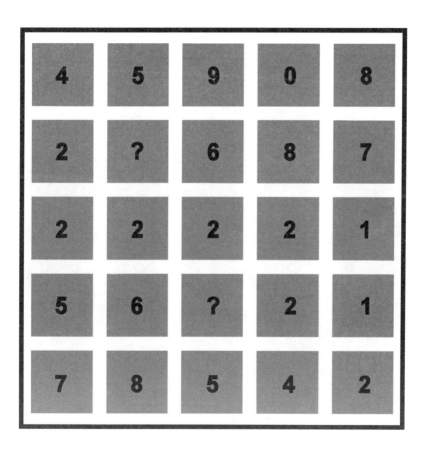

答案编号 144

116.

5次射击总得分可以得到22。假定每次射击都能得分（包括得0分）。而且在一种方法中出现的5个数字不能在另一种方法中以其他顺序再次出现。那么，有多少种方法可以使5次射击总得分为22？

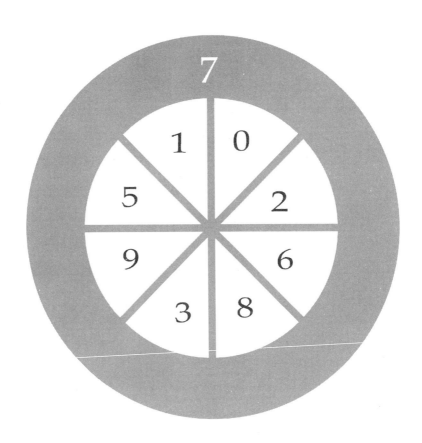

117.

图中每种图形代表一个数值。每行图形代表的数值之和放于此行右侧，每列图形代表的数值之和放于此列下侧。那么，问号处的数字应该是多少？

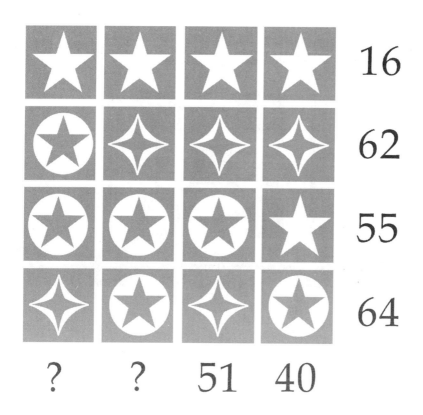

答案编号 134

118.

从任一拐角处的数字开始，按照图中所示的路线移动，找出其他 4 个数字，然后把这 5 个数字相加。几次相加之和为 37？

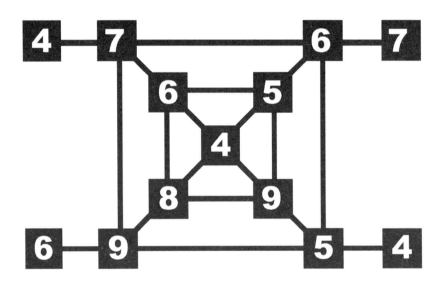

119.

从一个方格横向或竖向移到与它邻接的另一方格。从左下角方格开始，到右上角方格结束。9 个数字一组，相加在一起。有多少种方法可以得到 46？

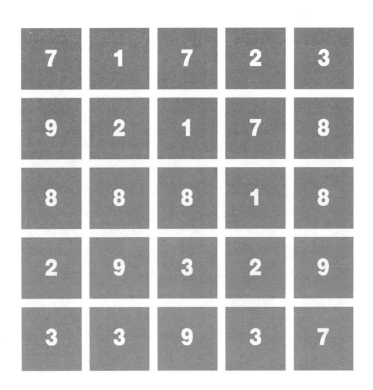

120.

下图中每列数字之间都有一定联系。方格上部的字母可以帮你找到这种联系。根据这种联系，空白方格中应填入什么数字？

A	B	C	D	E
7	5	2	3	7
9	4	5	6	9
8	7	1	2	
8	4	4	5	
5	3	2	3	5

121.

把 6 组大于 100 的三位数放于 562 之后,从而构成 6 组六位数。每组六位数除以 61.5,得数为整数。百位上的数字已给出。那么,方格中应填入什么数字?

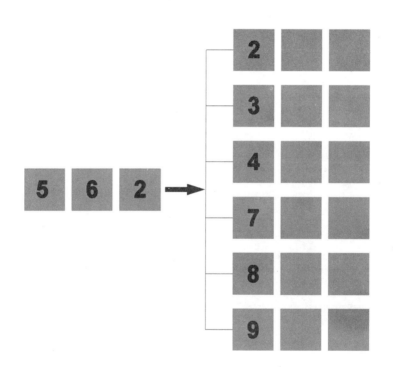

122.

每行、每列及对角线上的 5 个数字之和必须是 20。空格中只能填 3 个不同的数字，这 3 个不同的数字会被多次使用，它们是哪几个数字？

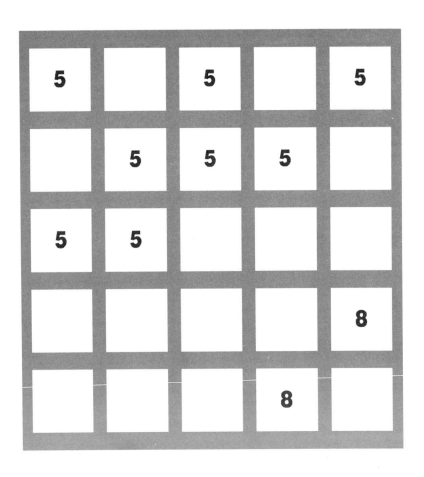

123.

按照箭头所指示方向从左下角向右上角移动，将沿线的数字加起来。如果每个黑点的数值是负 3，那么几条路线上的数字之和为 20？

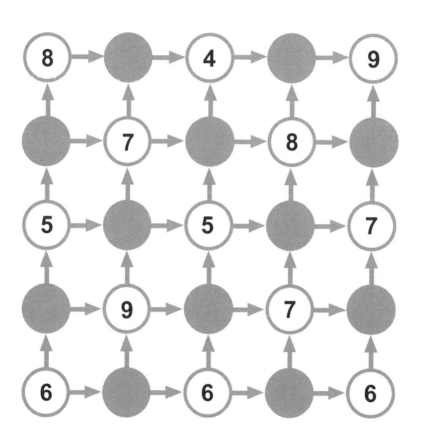

答案编号 154

124.

空白的三角中应填入什么数字?

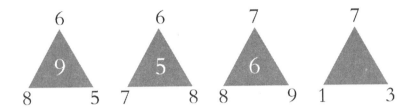

125.

上面的两个天平处于水平位置。要使最下面的一个天平也处于水平位置，天平左端还需要放几个方块？

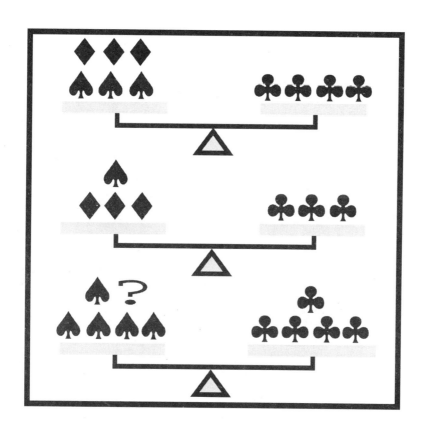

126.

下图是一个不寻常的保险箱。每一个按钮只能以正确的顺序按一次，才能把保险箱打开。最后一个按钮是 F 标志。移动的次数和方向已经在每一个按钮上标注出来了。比如，1U 代表只向上移动一次，而 1L 代表只向左移动一次。那么，第一个按下去的按钮是哪个？

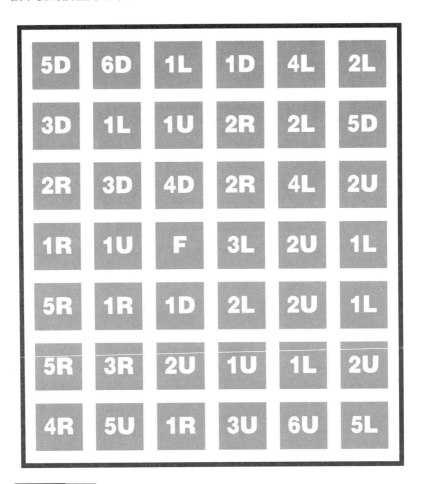

127.

请填写完下图，使每一个扇形分割区中的 3 个数字之和都相同，并且每个同心圆（环）中的 8 个数字之和都相同。

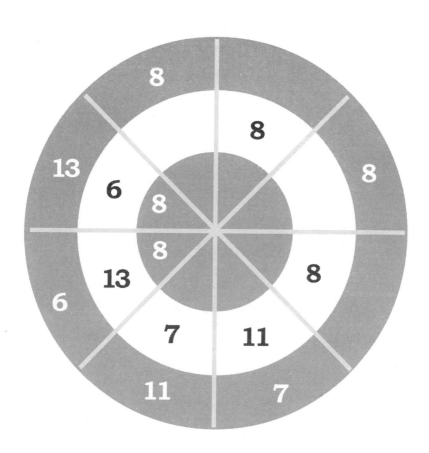

逻辑思维数字谜题 ⑨

128. 从中央的圆圈开始，向它邻接的圈移动，寻找一条4个依次相邻的圈构成的路线，使此路线上4个圈中的数字之和为53。任务完成后，回到中央的圆圈，重新开始寻找。只要路线终点的圈位置不同或路线中间的两个圈位置不全相同，就视为不同的路线。那么，图中共有多少条路线上的数字之和为53？

129.

把下图中的数字方块排放成一个正方形，使正方形中每行、每列都有 5 个数字，而且在第一行与第一列、第二行与第二列、第三行与第三列、第四行与第四列、第五行与第五列都有同样的 5 个数字。请画出按照正确的方式排放成的正方形。

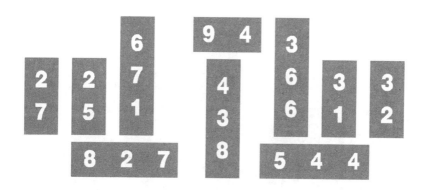

答案编号 123

130.

从中央的圆圈开始，向它邻接的圈移动，寻找一条4个依次相邻的圈构成的路线，使此路线上4个圈中的数字之和为49。任务完成后，回到中央的圆圈，重新开始寻找。只要路线终点的圈位置不同或路线中间的两个圈位置不全相同，就视为不同的路线。那么，图中共有多少条路线上的数字之和为49？

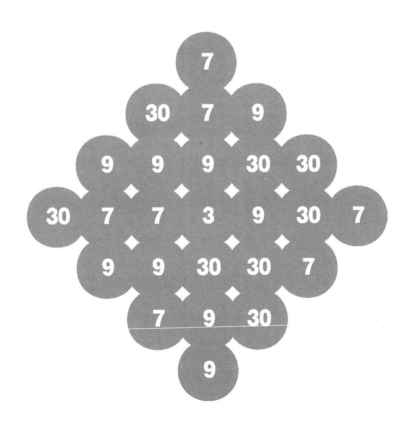

答案编号 **164**

131.

问号处可用什么数字代替？

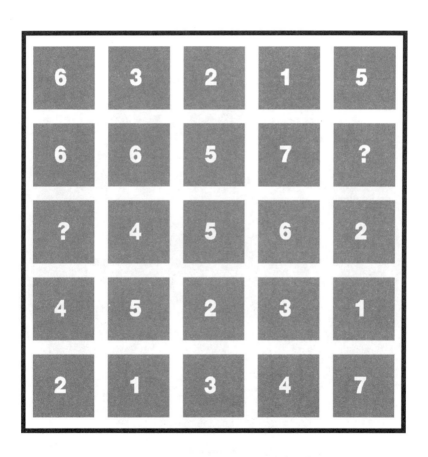

132.

5 次射击总得分可以得到 61。假定每次射击都能得分（包括得 0 分）。而且在一种方法中出现的 5 个数字不能在另一种方法中以其他顺序再次出现。那么，有多少种方法可以使 5 次射击总得分为 61？

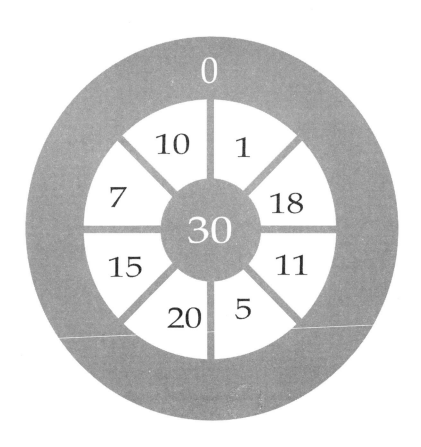

答案编号 **177**

133.

图中每种图形代表一个数值。每行图形代表的数值之和放于此行右侧，每列图形代表的数值之和放于此列下侧。那么，问号处的数字应该是多少？

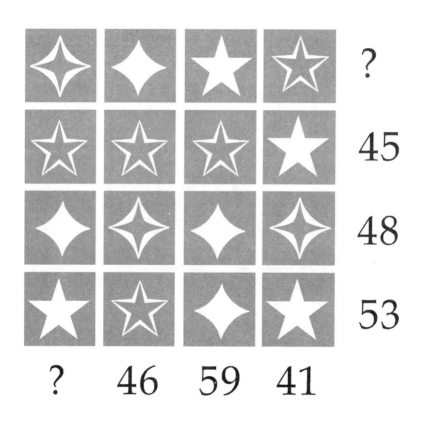

134.

从任一拐角处的数字开始，按照图中所示的路线移动，找出其他 4 个数字，然后把这 5 个数字相加。几次相加之和为 38?

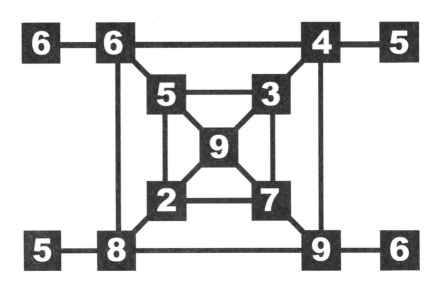

135.

从一个方格横向或竖向移到与它邻接的另一方格。从左下角方格开始，到右上角方格结束。9 个数字一组，相加在一起。有多少种方法可以得到 48?

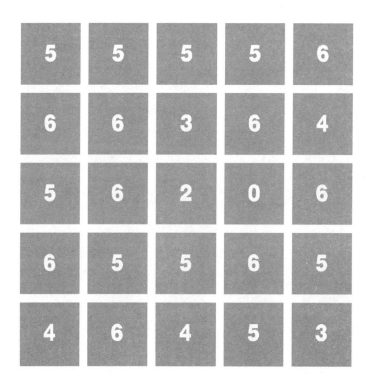

答案编号 142

136.

下图中每列数字之间都有一定联系。方格上部的字母可以帮你找到这种联系。根据这种联系，空白方格中应填入什么数字？

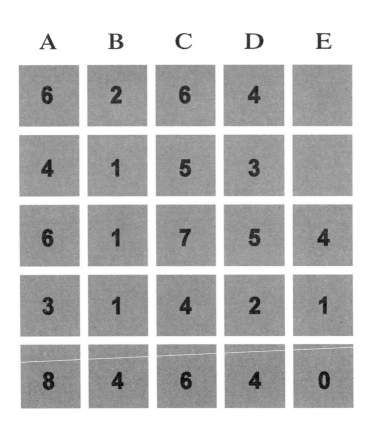

A	B	C	D	E
6	2	6	4	
4	1	5	3	
6	1	7	5	4
3	1	4	2	1
8	4	6	4	0

137.

把 6 组大于 100 的三位数放于 731 之后，从而构成 6 组六位数。每组六位数除以 39.5，得数为整数。百位上的数字已给出。那么，方格中应填入什么数字？

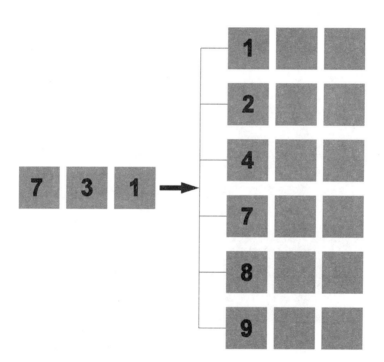

答案编号 132

138.

每行、每列及对角线上的 5 个数字之和必须是 50。空格中只能填 4 个不同的数字，这 4 个不同的数字会被多次使用，它们是哪几个数字？

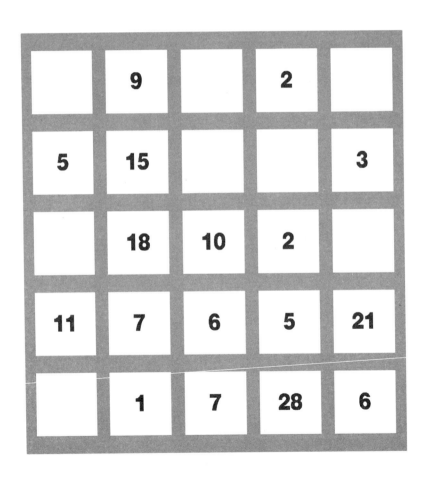

139.

现在两颗行星与太阳处于一条直线上。外部的行星围绕太阳沿轨道运行一周需要 36 年。内部的行星要用 4 年。两颗行星均以顺时针方向运行。请问下一次这两颗行星能与太阳处于同一直线是在何时？下图将帮你找到答案。

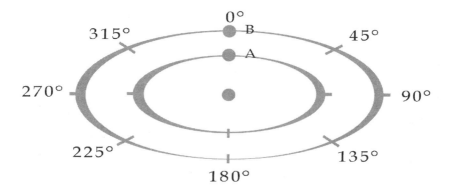

答案编号 **122**

140.

上面的两个天平完全处于水平位置。要使最下面的一个天平也处于水平位置，天平右端需要再放几个黑桃？

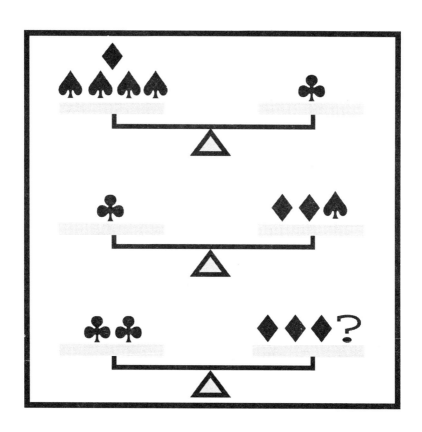

141.

空白的三角中应填入什么数字?

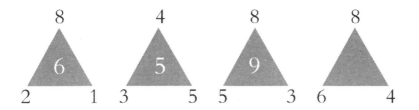

142.

下图是一个不寻常的保险箱。每一个按钮只能以正确的顺序按一次，才能把保险箱打开。最后一个按钮是F标志。移动的次数和方向已经在每一个按钮上标注出来了。比如，1U代表只向上移动一次，而1L代表只向左移动一次。那么，第一个按下去的按钮是哪个？

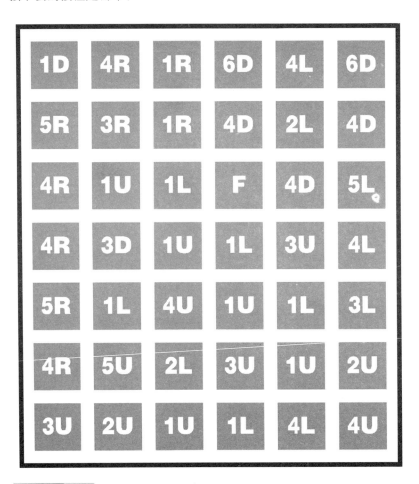

143.

请填写完下图，使每一个扇形分割区中的 3 个数字之和都相同，并且每个同心圆（环）中的 8 个数字之和都相同。

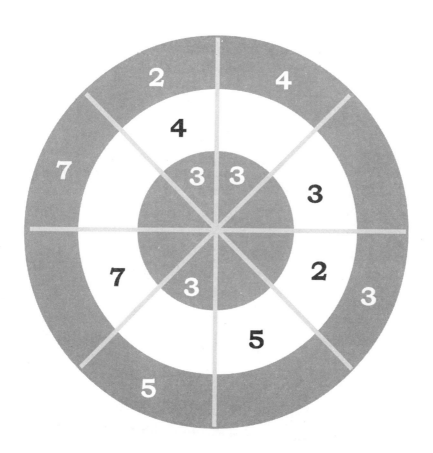

答案编号 152

逻辑思维数字谜题 ⑩

144. 按照箭头所指示方向从左下角向右上角移动，将沿线的数字加起来。如果每个黑点的数值是负 7，那么几条路线上的数字之和为 22？

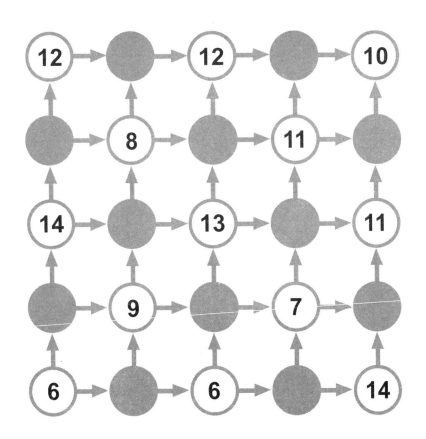

145.

把下图中的数字方块排放成一个正方形，使正方体形中每行、每列都有 5 个数字，而且在第一行与第一列、第二行与第二列、第三行与第三列、第四行与第四列、第五行与第五列都有同样的 5 个数字。请画出按照正确的方式排放成的正方形。

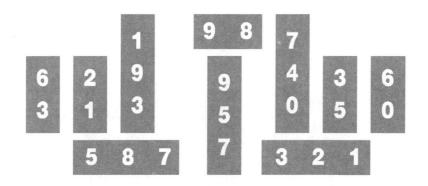

146.

从中央的圆圈开始，向它邻接的圈移动，寻找一条4个依次相邻的圈构成的路线，使此路线上4个圈中的数字之和为45。任务完成后，回到中央的圆圈，重新开始寻找。只要路线终点的圈位置不同或路线中间的两个圈位置不全相同，就视为不同的路线。那么，图中共有多少条路线上的数字之和为45？

147.

问号处可用什么数字代替?

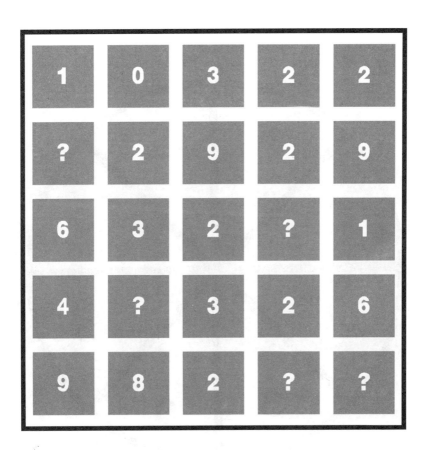

答案编号 131

148.

3 次射击总得分可以得到 18。假定每次射击都能得分（包括得 0 分）。而且在一种方法中出现的 3 个数字不能在另一种方法中以其他顺序再次出现。那么，有多少种方法可以使 3 次射击总得分为 18？

149.

图中每种图形代表一个数值。每行图形代表的数值之和放于此行右侧，每列图形代表的数值之和放于此列下侧。那么，问号处的数字应该是多少？

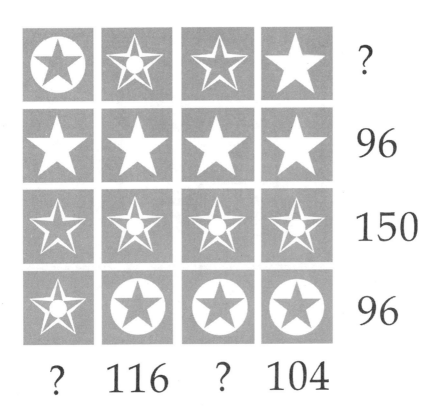

150.

从任一拐角处的数字开始，按照图中所示的路线移动，找出其他 4 个数字，然后把这 5 个数字相加。几次相加之和为 36？

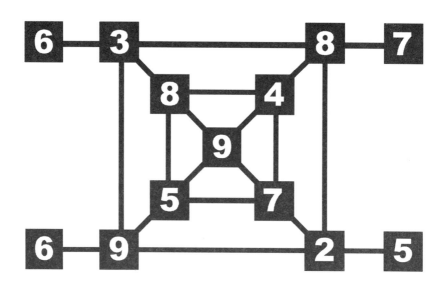

151.

从一个方格横向或竖向移到与它邻接的另一方格。从左下角方格开始，到右上角方格结束。9个数字一组，相加在一起。可能得到的最大值是多少？

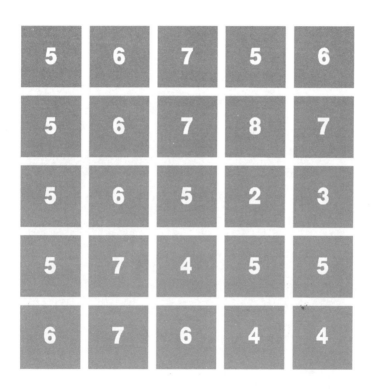

152.

下图中每列数字之间都有一定联系。方格上部的字母可以帮你找到这种联系。根据这种联系，空白方格中应填入什么数字?

A	B	C	D	E
5	3	5	8	8
6	3	6	9	
6	1	4	7	5
5	1	3	6	4
5	2	4	7	6

答案编号 198

153.

把6组大于100的三位数放于327之后，从而构成6组六位数。每组六位数除以27.5，得数为整数。百位上的数字已给出。那么，方格中应填入什么数字？

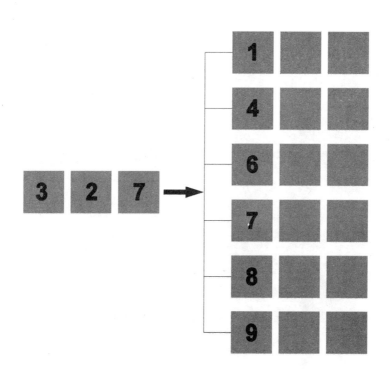

答案编号 151

154.

每行、每列及对角线上的 5 个数字之和必须是 60。空格中只能填 3 个不同的数字，这 3 个不同的数字会被多次使用，它们是哪几个数字？

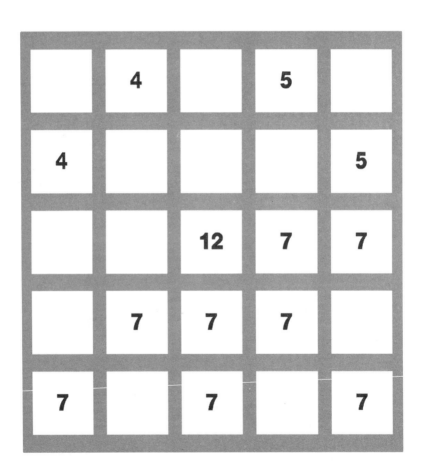

155.

按照箭头所指示方向从左下角向右上角移动，将沿线的数字加起来。如果每个黑点的数值是13，那么数字之和中哪两个只出现一次？

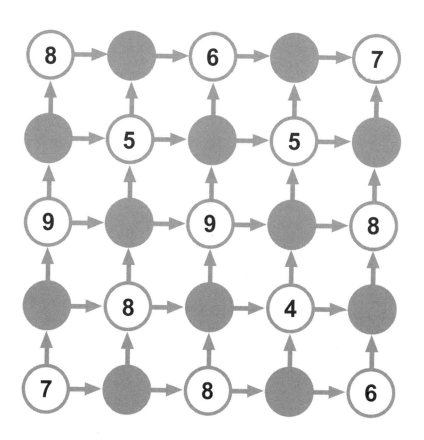

答案编号 140

156. 空白的三角中应填入什么数字？

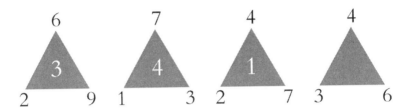

157.

上面的两个天平完全处于水平位置。要使最下面的一个天平也处于水平位置，天平右端需要放几个梅花？

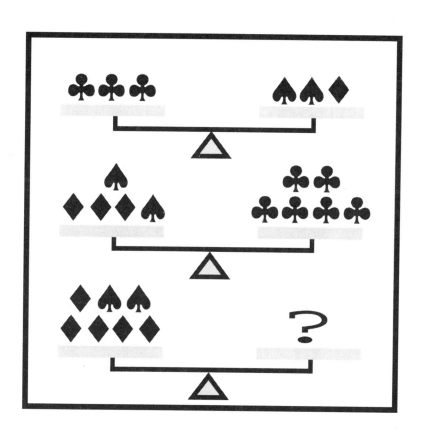

答案编号 182

158.

下图是一个不寻常的保险箱。每一个按钮只能以正确的顺序按一次，才能把保险箱打开。最后一个按钮是 F 标志。移动的次数和方向已经在每一个按钮上标注出来了。比如，1U 代表只向上移动一次，而 1L 代表只向左移动一次。那么，第一个按下去的按钮是哪个？

2D	2D	2L	2R	1D	1D
1R	1U	1U	1D	1L	3L
1U	3R	3R	4D	2U	4D
3D	3D	2L	3U	3L	2L
5R	2R	F	1D	3L	1U
4R	4R	1U	1L	1U	5L
2U	1U	3U	1R	3U	3L

159.

请填写完下图，使每一个扇形分割区中的 3 个数字之和都相同，并且每个同心圆（环）中的 8 个数字之和都相同。

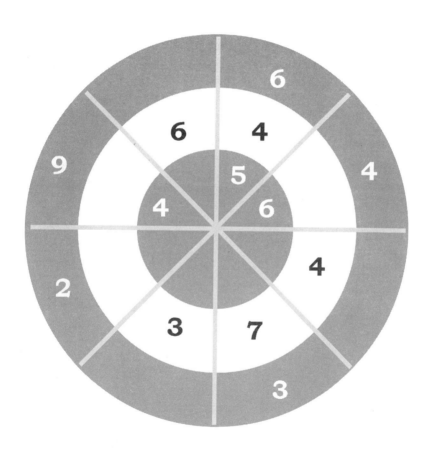

答案编号 **120**

逻辑思维数字谜题 ⑪

160.

按照箭头所指示方向从左下角向右上角移动，将沿线的数字加起来。如果每个黑点的数值是负 9，那么几条路线上的数字之和为 41？

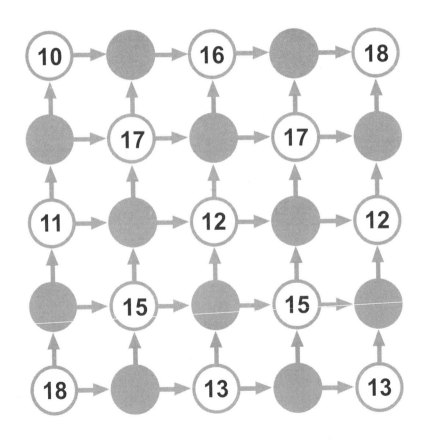

161.

把下图中的数字方块排放成一个正方形，使正方形中每行、每列都有 5 个数字，而且在第一行与第一列、第二行与第二列、第三行与第三列、第四行与第四列、第五行与第五列都有同样的 5 个数字。请画出按照正确的方式排放成的正方形。

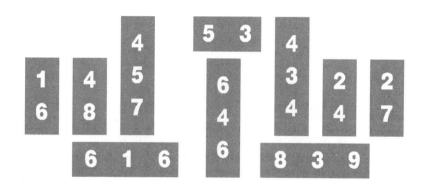

答案编号 109

162.

从中央的圆圈开始，向它邻接的圈移动，寻找一条4
个依次相邻的圈构成的路线，使此路线上4个圈中的
数字之和为75。任务完成后，回到中央的圆圈，重新开始寻找。只要
路线终点的圈位置不同或路线中间的两个圈位置不全相同，就视为不
同的路线。那么，图中共有多少条路线上的数字之和为75？

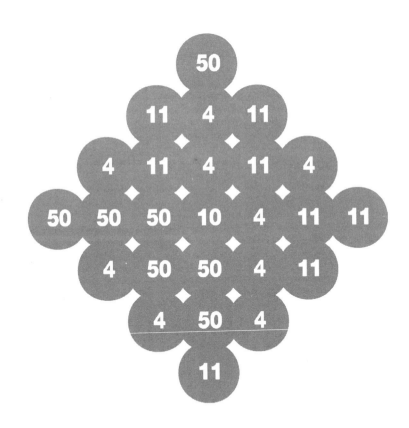

163.

问号处可用什么数字代替?

7	4	5	6	?
5	?	1	3	4
?	9	?	0	0
8	1	3	3	4
4	5	3	6	?

答案编号 150

164.

5 次射击总得分可以得到 56。假定每次射击都能得分（包括得 0 分）。而且在一种方法中出现的 5 个数字不能在另一种方法中以其他顺序再次出现。那么，有多少种方法可以使 5 次射击总得分为 56 ？

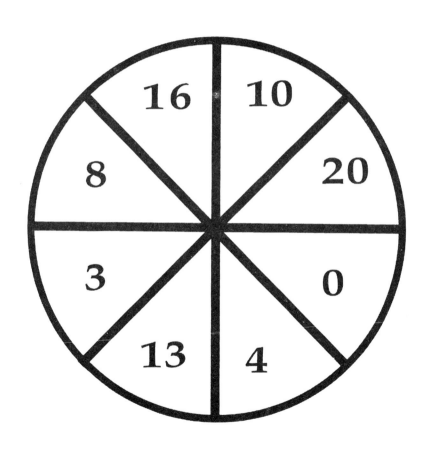

165.

图中每种图形代表一个数值。每行图形代表的数值之和放于此行右侧，每列图形代表的数值之和放于此列下侧。那么，问号处的数字应该是多少？

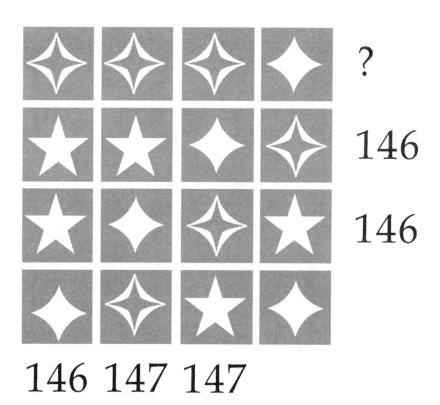

166.

从任一处的数字开始，按照图中所示的路线移动，找出其他 4 个数字，然后把这 5 个数字相加。几次相加之和为 30?

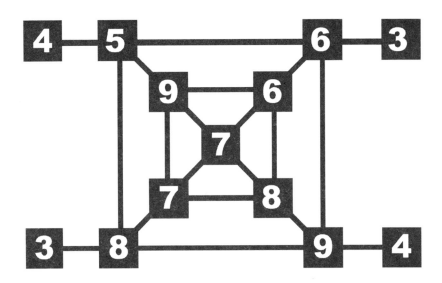

167.

从一个方格横向或竖向移到与它邻接的另一方格。从左下角方格开始，到右上角方格结束。9 个数字一组，相加在一起。得到的最大值和最小值是多少？

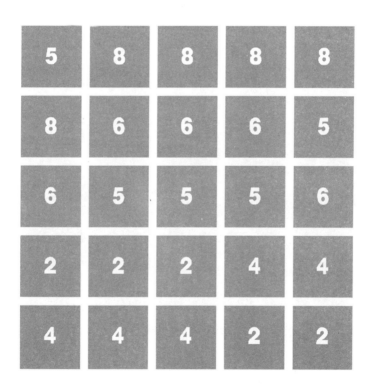

168.

下图中每列数字之间都有一定联系。方格上部的字母可以帮你找到这种联系。根据这种联系，空白方格中应填入什么数字？

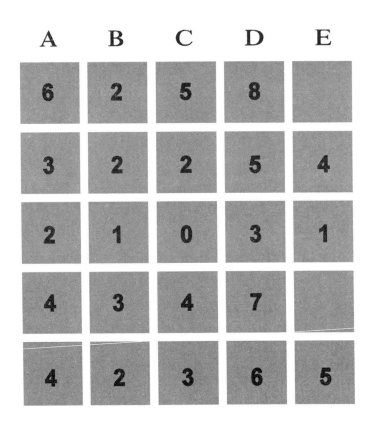

A	B	C	D	E
6	2	5	8	
3	2	2	5	4
2	1	0	3	1
4	3	4	7	
4	2	3	6	5

答案编号 171

169.

把6组大于100的三位数放于531之后，从而构成6组六位数。每组六位数除以40.5，得数为整数。百位上的数字已给出。那么，方格中应填入什么数字？

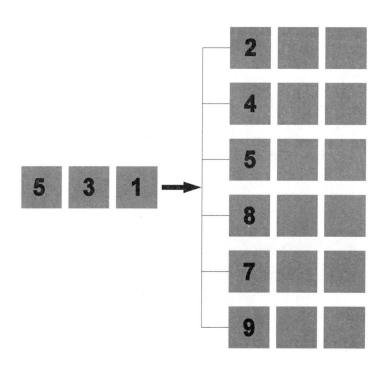

170.

每行、每列及对角线上的 5 个数字之和必须是 55。空格中只能填 3 个不同的数字，这 3 个不同的数字会被多次使用，它们是哪几个数字？

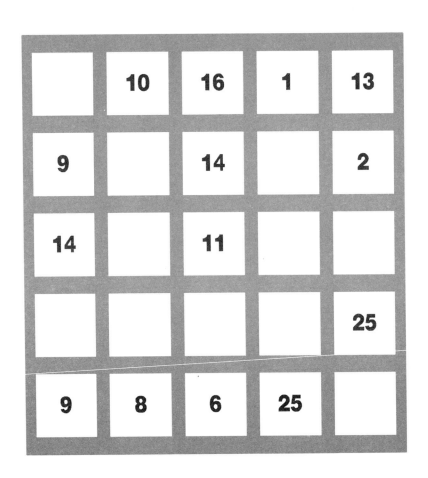

答案编号 160

171.

从任一拐角处的数字开始，按照图中所示的路线移动，找出其他 4 个数字，然后把这 5 个数字相加。几次相加之和为 40?

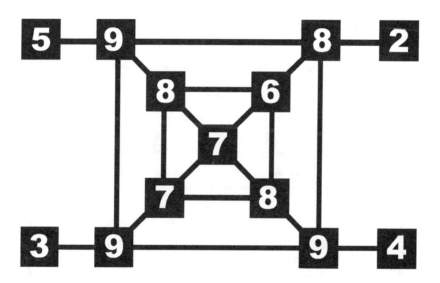

答案编号 108

172.

上面的两个天平完全处于水平位置。要使最下面的一个天平也处于水平位置，天平右端需要再放几个黑桃？

173.

空白的三角中应填入什么数字?

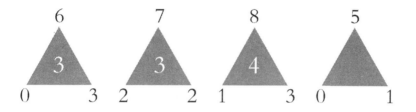

174.

下图是一个不寻常的保险箱。每一个按钮只能以正确的顺序按一次，才能把保险箱打开。最后一个按钮是 F 标志。移动的次数和方向已经在每一个按钮上标注出来了。比如，1U 代表只向上移动一次，而 1L 代表只向左移动一次。那么，第一个按下去的按钮是哪个？

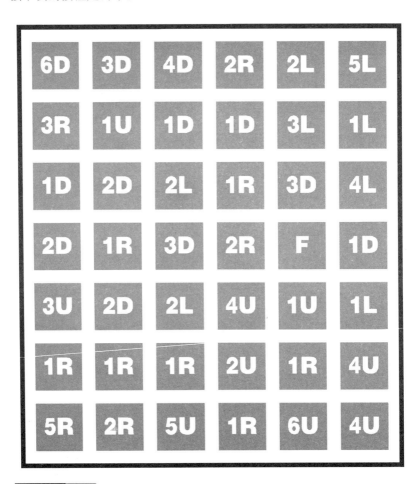

175.

请填写完下图，使每一个扇形分割区中的 3 个数字之和都相同，并且每个同心圆（环）中的 8 个数字之和都相同。

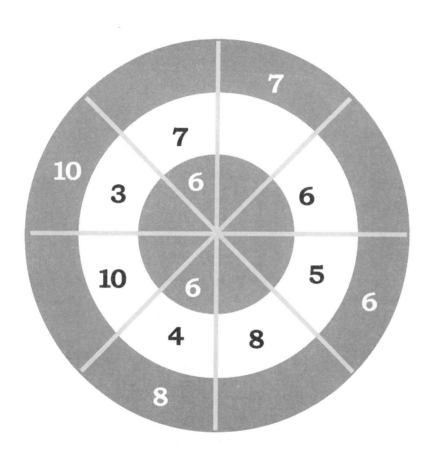

答案编号 138

逻辑思维数字谜题 ⑫

176.

按照箭头所指示方向从左下角向右上角移动，将沿线的数字加起来。如果每个黑点的数值是 11，那么几条路线上的数字之和为 80？

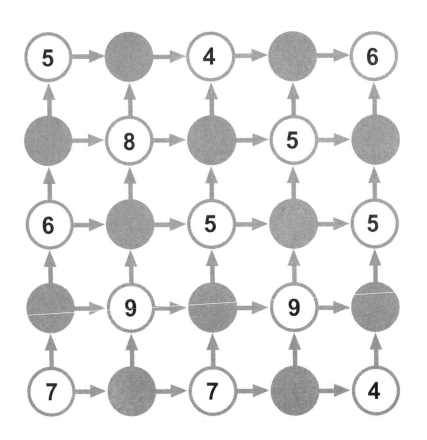

177.

把下图中的数字方块排放成一个正方形，使正方形中每行、每列都有 5 个数字，而且在第一行与第一列、第二行与第二列、第三行与第三列、第四行与第四列、第五行与第五列都有同样的 5 个数字。请画出按照正确的方式排放成的正方形。

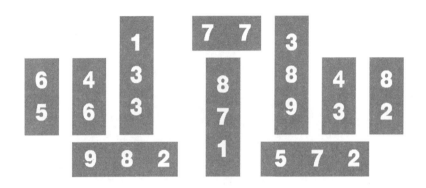

178.

从中央的圆圈开始，向它邻接的圈移动，寻找一条4个依次相邻的圈构成的路线，使此路线上4个圈中的数字之和为83。任务完成后，回到中央的圆圈，重新开始寻找。只要路线终点的圈位置不同或路线中间的两个圈位置不全相同，就视为不同的路线。那么，图中共有多少条路线上的数字之和为83？

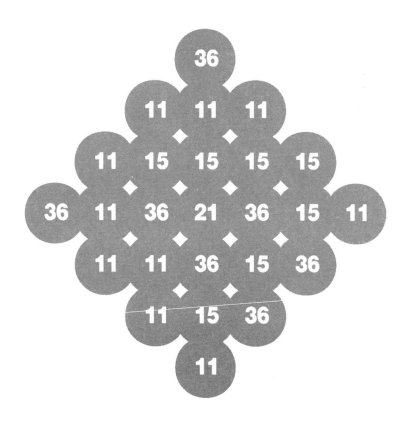

179.

问号处可用什么数字代替?

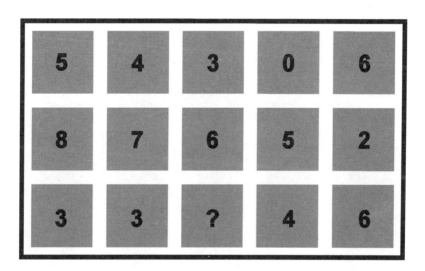

180.

5 次射击总得分可以得到 44。假定每次射击都能得分（包括得 0 分）。而且在一种方法中出现的 5 个数字不能在另一种方法中以其他顺序再次出现。那么，有多少种方法可以使 5 次射击总得分为 44？

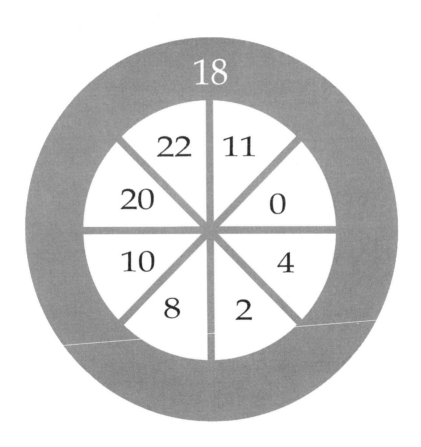

181.

图中每种图形代表一个数值。每行图形代表的数值之和放于此行右侧，每列图形代表的数值之和放于此列下侧。那么，问号处的数字应该是多少？

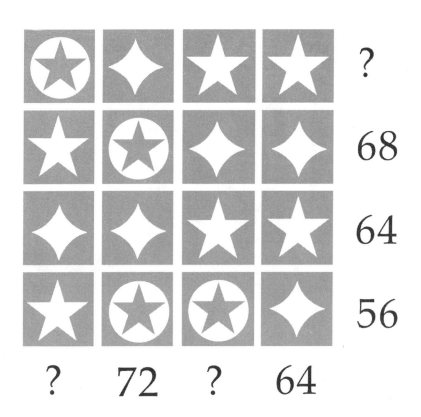

182.

从任一拐角处的数字开始，按照图中所示的路线移动，找出其他 4 个数字，然后把这 5 个数字相加。最小值是多少？

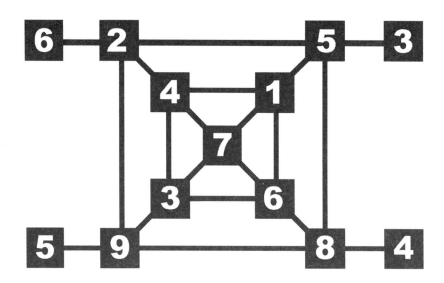

答案编号 200

183.

从一个方格横向或竖向移到与它邻接的另一方格。从左下角方格开始，到右上角方格结束。9个数字一组，相加在一起。只能出现一次的总和是多少？

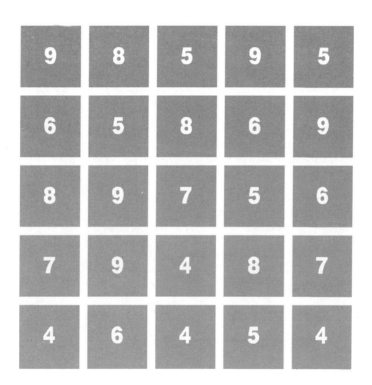

184.

下图中每列数字之间都有一定联系。方格上部的字母可以帮你找到这种联系。根据这种联系，空白方格中应填入什么数字？

A	B	C	D	E
9	3	6	7	9
8	3	5	6	8
7	3	4	5	
7	6	1	2	
6	5	1	2	6

答案编号　189

185.

把 6 组大于 100 的三位数放于 888 之后，从而构成 6 组六位数。每组六位数除以 77，得数为整数。百位上的数字已给出。那么，方格中应填入什么数字？

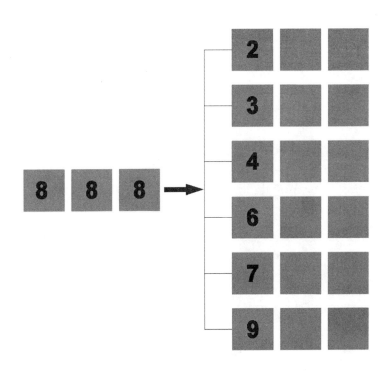

186.

每行、每列及对角线上的 5 个数字之和必须是 40。空格中只能填 3 个不同的数字，这 3 个不同的数字会被多次使用，它们是哪几个数字？

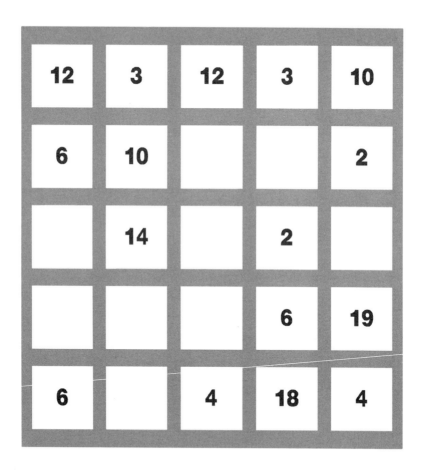

187.

从中央的圆圈开始，向它邻接的圈移动，寻找一条4个依次相邻的圈构成的路线，使此路线上4个圈中的数字之和为62。任务完成后，回到中央的圆圈，重新开始寻找。只要路线终点的圈位置不同或路线中间的两个圈位置不全相同，就视为不同的路线。那么，图中共有多少条路线上的数字之和为62？

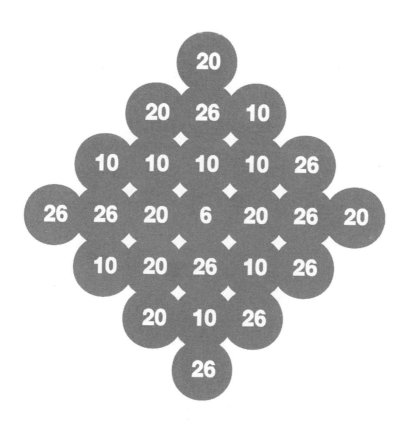

答案编号 127

188.

空白的三角中应填入什么数字?

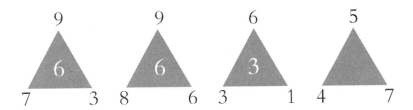

189.

上面的两个天平完全处于水平位置。要使最下面的一个天平也处于水平位置，天平右端需要放几个梅花？

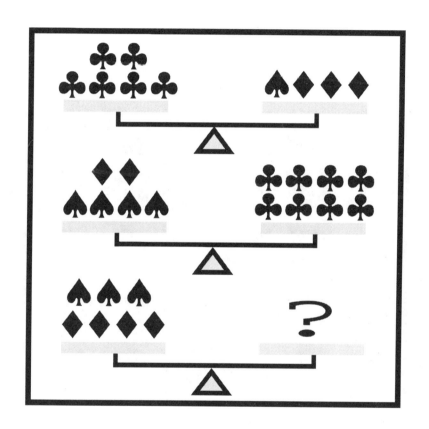

190.

下图是一个不寻常的保险箱。每一个按钮只能以正确的顺序按一次，才能把保险箱打开。最后一个按钮是 F 标志。移动的次数和方向已经在每一个按钮上标注出来了。比如，1U 代表只向上移动一次，而 1L 代表只向左移动一次。那么，第一个按下去的按钮是哪个？

3D	1R	5D	2R	4L	4D
3R	5D	1L	2D	1D	2D
1U	1L	3R	F	2L	2L
3D	3U	1D	2L	3U	3L
1R	2U	1R	1D	3U	2D
1U	1L	3R	1R	1U	4U
3R	1U	5U	6U	3U	3L

191.

请填写完下图，使每一个扇形分割区中的 3 个数字之和都相同，并且每个同心圆（环）中的 8 个数字之和都相同。

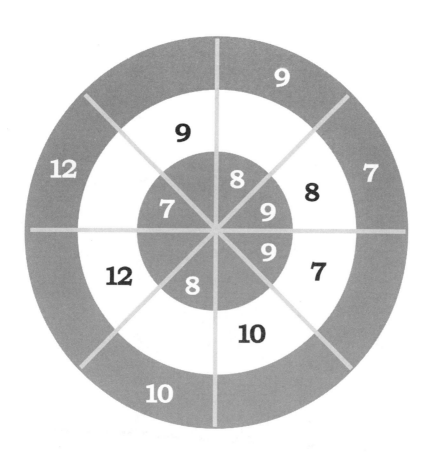

逻辑思维数字谜题 ⑬

192.

按照箭头所指示方向从左下角向右上角移动，将沿线的数字加起来。如果每个黑点的数值是负 19，那么几条路线上的数字之和为 24？

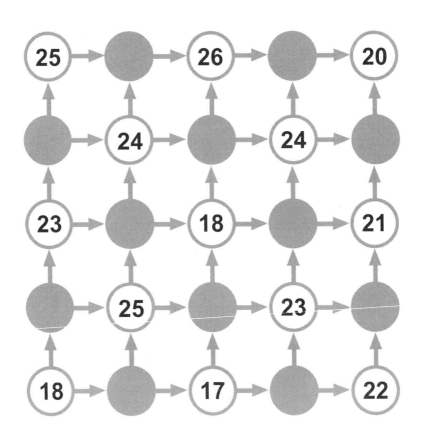

193.

把下图中的数字方块排放成一个正方形，使正方形中每行、每列都有 5 个数字，而且在第一行与第一列、第二行与第二列、第三行与第三列、第四行与第四列、第五行与第五列都有同样的 5 个数字。请画出按照正确的方式排放成的正方形。

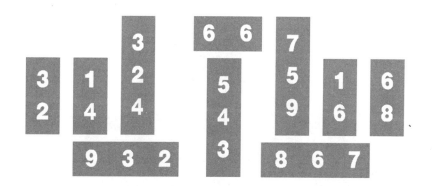

194. 从中央的圆圈开始，向它邻接的圈移动，寻找一条4个依次相邻的圈构成的路线，使此路线上4个圈中的数字之和为90。任务完成后，回到中央的圆圈，重新开始寻找。只要路线终点的圈位置不同或路线中间的两个圈位置不全相同，就视为不同的路线。那么，图中共有多少条路线上的数字之和为90？

195.

问号处可用什么数字代替?

8	9	?	0	8
1	8	?	4	3
7	0	9	?	5
1	5	4	?	7
8	?	4	3	2

答案编号 136

196.

3 次射击总得分可以得到 36。假定每次射击都能得分（包括得 0 分）。而且在一种方法中出现的 3 个数字不能在另一种方法中以其他顺序再次出现。那么，有多少种方法可以使 3 次射击总得分为 36？

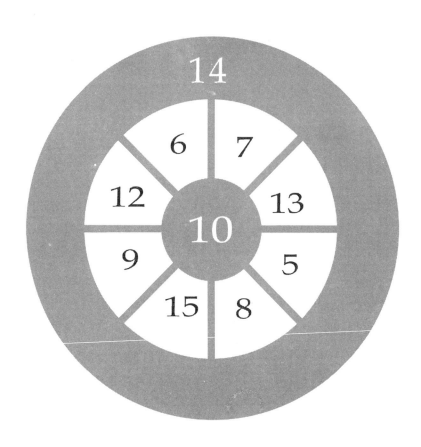

197.

图中每种图形代表一个数值。每行图形代表的数值之和放于此行右侧，每列图形代表的数值之和放于此列下侧。那么，问号处的数字应该是多少？

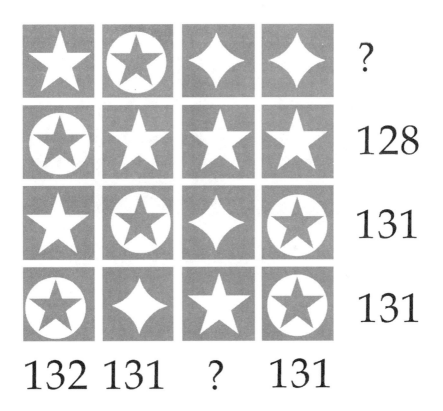

198.

把下图中的数字方块排放成一个正方形，使正方形中每行、每列都有 5 个数字，而且在第一行与第一列、第二行与第二列、第三行与第三列、第四行与第四列、第五行与第五列都有同样的 5 个数字。请画出按照正确的方式排放成的正方形。

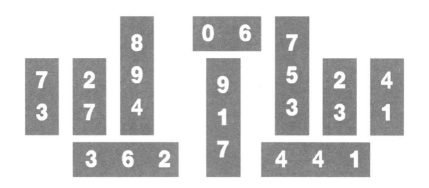

199.

从一个方格横向或竖向移到与它邻接的另一方格。从左下角方格开始，到右上角方格结束。9 个数字一组，相加在一起。有多少组数字之和为 39?

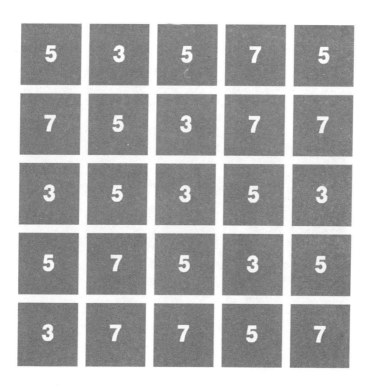

答案编号 116

200.

下图中每列数字之间都有一定联系。方格上部的字母可以帮你找到这种联系。根据这种联系，空白方格中应填入什么数字？

A	B	C	D	E
9	0	6	9	
8	1	6	9	7
7	2	6	9	8
7	1	5	8	
3	1	1	4	2

答案编号 157

201.

把 6 组大于 100 的三位数放于 451 之后，从而构成 6 组六位数。每组六位数除以 61，得数为整数。百位上的数字已给出。那么，方格中应填入什么数字？

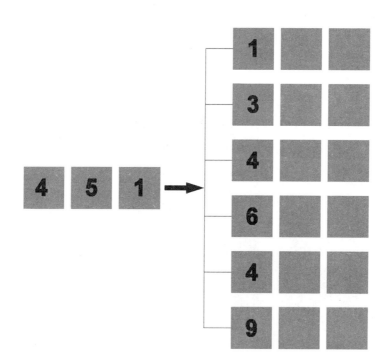

Answer

1. 17。

2.

8	8	2	2	1
8	2	4	3	1
2	4	5	6	7
2	3	6	4	9
1	1	7	9	7

3. 29。

4. 10。三角形顶角处的数字乘以左边底角处的数字再除以右边底角处的数字等于三角形框中的数字。

5. 1。第一行减去最后一行得到第三行。第三行加上第二行得到第四行。（此题考虑进位）

6. 164，295，426，557，688，819，950 中任意 6 个。

7.
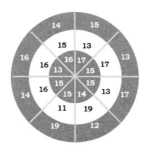

8. 11 种方法。

9. 两年之后。此时外部行星位于轨道 60 度角的地方，太阳在中央，内部行星位于轨道 240 度角的地方。

10.

11. 8。第一行减去最后一行得到第三行。第二行加上第三行得到第四行。（此题考虑借位）

12. 131，264，397，530，663，796，929 中任意 6 个。

13.

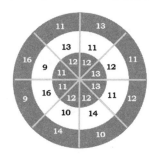

14. 107。各种图形所代表的数值为：◈ =18，◆ =30，★ =29。

15. 8 次。

16.

17. 1 种。

18. 7。三角形顶角处的数字乘以左边底角处的数字再减去右边底角处的数字等于三角形框中的数字。

19. 5。相同数位的数字，第三行减去第一行等于第五行；第四排加上第五排等于第二排。（此题考虑进位）

20. 162，313，464，615，766，917。

21.

22. 3 次。

23. 4。三角形顶角处的数字加上左边底角处的数字再减去右边底角处的数字等于三角形框中的数字。

24. 6。第一行加第二行得到第三行；第二行加上第四行得到第五行。

25. 203，314，425，536，647，758，869，980 中任何 6 个。

26.

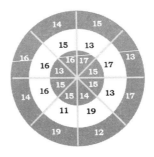

27. 149。各种图形所代表的数值为：◈ =35，◆ =42，★ =37。

28. 3 次。

29.

30. 3 种方法。

31.

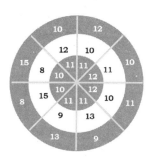

32. 65。各种图形所代表的数值为：⬟ =7，◆ =8，☆ =25，★ =17。

33. 3 年零 9 个月。此时外部行星位于轨道 90 度角的地方，太阳在中央，内部行星位于轨道 270 度角的地方。

34.

3	9	7	8	6
9	8	2	4	3
7	2	5	1	1
8	4	1	9	9
6	3	1	9	0

35. 1 种方法。

36. 3。三角形顶角处的数字减去左边底角处的数字再乘以右边底角处的数字等于三角形框中的数字。

37. 1。第二行加第三行等于第一行，第三行加第四行等于最后一行。（此题考虑进位）

38. 431，542，653，764，875，986。

39.

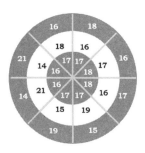

40. 62。各种图形所代表的数值为：⊛ =13，☆ =21，◆ =7。

41. 6 种方法。

42. 7 张梅花。

43. 8。中间一行减去最后一行等于第一行。（此题考虑借位）

44. 110，232，354，476，598，720，842，964 中任意 6 个。

45.

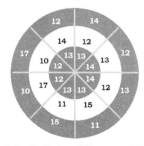

46. 78。各种图形所代表的数值为：⊛ =28，☆ =13，★ =9。

47. 1 年半后。此时外部行星位于轨道 90 度角的地方，太阳在中央，内部行星位于轨道 270 度角的地方。

48.

5	5	5	3	1
5	6	7	7	2
5	7	8	4	5
3	7	4	2	6
1	2	5	6	8

49. 2 种方法。

50. 6。三角形顶角处的数字减去左、右底角处的数字等于三角形框中的数字。

51. 5。同一列的数字，中间一个减去底下一个等于顶上一个。

52. 27 种方法。

53. 0，1 和 4。

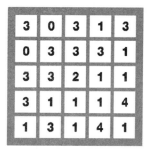

54. 4 条路线。

55. 41。

56. 5 个黑桃。

57. 10 条路线。

58. 都填 2。A+B=D，A−B=C，D−C=E。

59. 倒数第三行的 4U。

60. 204。各种图形所代表的数值为：★=44，✪=58，✧=45。

61. 10，11，23 和 31。

62. 5 条路线。

63. 14 条路线。

64. 都填 4。A+B=D，A−B=C，D−C=E。

65. 1L。倒数第二行，从左边数第二列。

66. 8 种方法。

67. 9，17 和 18。

19	12	18	4	17
13	17	19	18	3
18	20	14	8	10
9	10	9	11	31
11	11	10	29	9

68. 4 条路线。

69. 30。

70. 7 个。

71. 12 条。

72. 都填 2。A+B=D，A−B=C，D−C=E。

73. 58。

74. 40。出现 1 次。

75. 6 个梅花。

76. 7 条路线。

77. 4。A−B+1=D，D−1=C，D+B−1=E。

78. 4 条路线。

79. 15 种方法。

80. 11，12 和 21。

19	12	22	6	21
9	21	23	20	7
20	21	16	11	12
21	12	9	11	27
11	14	10	32	13

81. 4 条路线。

82. 37。

83. 1U。第二行，从左边数第二列。

84. 7 种方法。

85. 9 和 17。

17	10	17	4	17
8	17	19	17	4
17	22	13	4	9
14	9	7	9	26
9	7	9	31	9

86. 2 条路线。

87. 5 次。

88. 4 个方块。

89. 7 条路线。

90. 都填 3。A−B=D，C=D+2，E=D−B。

91. 1D。第一行，从左边数第四个。

92. 11 种方法。

93. 27。3 次。

94. 3。三角形顶角处的数字减去左边底角处的数字再减去右边底角处的数字等于三角形框中的数字。

95. 7 条路线。

96. 都填 5。A−B=D，D+2=C，D−B=E。

97. 最后一行的 3U。

98. 21 种方法。

99. 11，18 和 19。

19	13	21	3	19
14	19	20	18	4
20	23	15	7	10
11	12	10	11	31
11	8	9	36	11

100. 1 条路线。

101. 2 次。

102. 5 个。

103. 5 条路线。

104. 157。各种图形所代表的数值为：⊛=45，◈=44，★=23。

105. 56，39，61，44，00，49。

106.

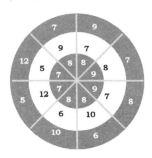

107. 52。各种图形所代表的数值为：⊛=12，★=8，◈=24。

108. 14 次。

109.

6	4	6	1	6
4	3	4	2	4
6	4	5	7	8
1	2	7	5	3
6	4	8	3	9

110. 60。

111. 8。三角形顶角处的数字减去左边底角处的数字再乘以右边底角处的数字等于三角形框中的数字。

112. 8。第三行减去第一行等于第五行。第五行加上第四行等于第二行。（此题考虑借位）

113. 33，56，79，25，48，71。

114.

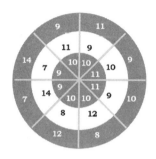

115. 217，366，515，664，813，962。

116. 2组。

117. 7。三角形顶角处的数字减去左边底角处的数字再乘以右边底角处的数字等于三角形框中的数字。

118. 3。第一行加上最后一行等于中间一行。（此题考虑进位）

119. 79，41，22，46，65，27。

120.

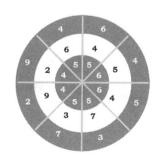

121. 122。各种图形所代表的数值为：⬙=20，★=24，☆=42，✦=36。

122. 2 年又 3 个月后。此时外部行星位于轨道 22.5 度角的地方，太阳在中央，内部行星位于轨道 202.5 度角的地方。

123.

124. 2 种方法。

125. 1，3 和 4。

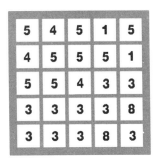

126. 右边问号处应为 126，下边问号处应为 122。各种图形所代表的数值为：★=31，✦=30，⬙=35。

127. 11 条路线。

128.

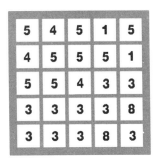

129. 58 和 37。

130. 6。三角形顶角处的数字乘以左边底角处的数字再减去右边底角处的数字等于三角形框中的数字。

131. 5。第一行加上第二行等于第三行。第二行加上第四行等于第五行。（此题考虑进位）

132. 45，24，61，77，56，35。

133.

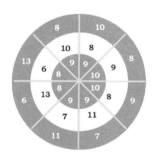

134. 53。各种图形所代表的数值为：★ =4，✪ =17，◈ =15。

135. 4 条路线。

136. 6。第二行加上第三行等于第一行。第三行加上第四行等于第五行。（此题考虑进位）

137. 72，49，26，57，34，65。

138.

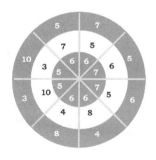

139. 148。各种图形所代表的数值为：◈ =38，★ =37，◆ =34。

140. 90 和 92。

141.

142. 4 种方法。

143. 5。三角形顶角处的数字加上左边底角处的数字再减去右边底角
处的数字等于三角形框中的数字。

144. 3。第一行是第二行与第三行之和，最后一行是第三行和第四行
之和。（此题注意进位）

145. $\frac{9}{2}$。三角形顶角处的数字乘以左边底角处的数字再除以右边底角
处的数字等于三角形框中的数。

146. 倒数第二行的 5U。

147.

148. 54。

149. 4。三角形顶角处的数字减去两底角处数字之和等于三角形框中
的数字。

150. 2。第一行减去最后一行等于第三行。第三行加上第二行等于第
四行。（此题考虑借位）

151. 95，15，35，45，55，65。

152.

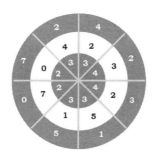

153. 47。各 种 图 形 所 代 表 的 数 值 为: ◆ =6, ☆ =11, ★ =12, ♦ =18。

154. 2 条路线。

155.

156. 12 年 6 个月后。此时外部行星位于轨道 45 度角的地方，太阳在中央，内部行星位于轨道 225 度角的地方。

157. 都填 6。A+B=D，D–3=C，C+B=E。

158. 最后一行的 3U。

159. 34 种。

160. 7，8 和 15。

15	10	16	1	13
9	15	14	15	2
14	15	11	7	8
8	7	8	7	25
9	8	6	25	7

161. 1 条路线。

162. 6 次。

163. 5 个黑桃。

164. 9 条路线。

165. 8。A−B+1=D，D−1=C，B+C=E。

166. 第一排 3D。

167. 1. A+B−1=D，D−3=C，B+C=E。

168.

8	9	4	4	1
9	1	7	2	7
4	7	5	3	3
4	2	3	0	6
1	7	3	6	2

169. 10 个梅花。

170. 7 条路线。

171. 7。A+B=D，D−3=C，C+B=E。

172. 第三行与左边数起第三列交接处的 3R。

173. 7 种方法。

174. 8，12，13 和 14。

14	9	13	2	12
5	15	14	13	3
12	18	10	2	8
11	7	6	5	21
8	1	7	28	6

175. 19 条路线。

176. 10 次。

177. 37 种方法。

178. 9 种方法。

179. 5，8 和 11。

12	3	12	3	10
6	10	11	11	2
11	14	8	2	5
5	5	5	6	19
6	8	4	18	4

180. 8 次。

181. 6 次。

182. 9 个梅花。

183. 7 条路线。

184. 都填 2。A−B=D，D+2=C，D−B=E。

185. 第三行和左边数起第四列交接处的 2R。

186. 59 种方法。

187. 3，4 和 6。

4	2	4	1	4
2	4	4	4	1
4	4	3	2	2
3	2	2	2	6
2	3	2	6	2

188. 13 条路线。

189. 都填 7。A−B=C，C+1=D，B+C=E。

190. 倒数第三行的 4U。

191. 21 种方法。

192. 15，17 和 24。

17	4	17	5	17
4	17	17	17	5
17	17	12	7	7
15	7	7	7	24
7	15	7	24	7

193. 8 条路线。

194. 2 次。

195. 3 个方块。

196. 7 条路线。

197. 7 个梅花。

198. 9。A+B=D，D−3=C，C+B=E。

199. 1 条路线。

200. 15。

201. 5 个黑桃。